Poemas y canciones

Bertolt Brecht:
Poemas y canciones

El Libro de Bolsillo
Alianza Editorial
Madrid

Título original: *Hauspostille - Gedichte im Exil - Buckower Elegien - Gedichte*
Versión de Jesús López Pacheco sobre la traducción directa del alemán de Vicente Romano

Primera edición en "El Libro de Bolsillo": 1968
Decimosexta reimpresión en "El Libro de Bolsillo": 1995

© Suhrkamp Verlag, Frankfurt am Main, 1960, 1961, 1964, 1965. Todos los derechos reservados.
© Trad.: Jesús López Pacheco y Vicente Romano
© Ed. cast.: Alianza Editorial, S. A., Madrid, 1968, 1969, 1970, 1972, 1973, 1975, 1976, 1978, 1979, 1980, 1982, 1984, 1986, 1989, 1993, 1995
Calle Juan Ignacio Luca de Tena, 15; 28027 Madrid; teléf. 393 88 88
ISBN: 84-206-1103-4
Depósito legal: M. 11.583-1995
Impreso en Lavel, S. A., Pol. Ind. Los Llanos
C/ Gran Canaria, 12. Humanes (Madrid)
Printed in Spain

# Nota sobre la versión

La presente versión de estos poemas y canciones de Bertolt Brecht es, en realidad, el resultado de una labor colectiva.

Tres fases pueden distinguirse en ella: la primera, realizada por Vicente Romano, fue la traducción literal, con variantes; sobre ella trabajamos Romano y yo para buscar interpretaciones y equivalencias castellanas a pasajes oscuros y expresiones especiales.

Vino entonces la segunda fase: la versión poética. Al meterme con ella, pronto comprendí que, para verter al castellano la poesía de Brecht, lo más conveniente —al menos, así me lo pareció— era adoptar un criterio ecléctico: en efecto, se trata de un poeta con una gran variedad formal y cuya comunicación se realiza a muy diversos niveles estéticos. El poeta Brecht, como el autor dramático de su canción (sin duda, él mismo) hizo respecto al teatro, estudió las tradiciones poéticas de su propio país y las de otros pueblos y épocas.

7

*Formas populares y cultas, alemanas y extranje-*
*ras, modernas y antiguas..., le sirven, según las*
*ocasiones, al crear poemas o canciones para ser*
*leídos, recitados, cantados, coreados... En unos,*
*pues, era imprescindible intentar dar una forma*
*métrica y hasta rimada lo más cercana posible a*
*la original; en otros, que originariamente no la*
*tenían ya, lo imprescindible era esforzarse por*
*crear un lenguaje poético de eficacia equivalente;*
*en otros, aún, me pareció preferible sacrificar en*
*la versión el metro y la rima a cambio de no sa-*
*crificar, dentro de lo posible para mí, el más leve*
*matiz de significado poético o lingüístico... Por*
*poner un ejemplo: el lector seguramente aprecia-*
*rá las diferencias de tono poético que hay entre*
*esa especie de romance europeo moderno que es*
*«La cruzada de los niños» o las canciones infanti-*
*les sobre «El sastre de Ulm» y «El ciruelo», de un*
*lado, y, de otro, las «loas» (de la dialéctica, de la*
*duda...) o «Recuerdo de María A.», o «Demolición*
*del barco 'Oskawa' por su tripulación» o esa es-*
*pecie de «haikai» que es «El humo»... Desde el*
*punto de vista del contenido y de los motivos,*
*Brecht no es menos variado y dialéctico: una*
*parábola de Buda le vale para desenmascarar una*
*determinada mentalidad contemporánea; al final*
*de las palabras de un campesino egipcio a su*
*buey, inesperadamente, surge la clave que revela,*
*tras las primitivas invocaciones idealistas, las*
*verdaderas relaciones del hombre y el animal, aca-*
*so aludiendo además a otras relaciones más mo-*
*dernas de hombre a hombre; el relato del marine-*
*ro del «Oskawa», prodigioso en su sarcasmo, está*
*tan bien dosificado que, en efecto, «hasta un niño*
*podría comprender» lo que el «marinero» Brecht*
*cuenta de la sociedad en que navega... El campo*
*de la poesía de Brecht lo constituyen la historia y*
*el mundo enteros; hablan en ella campesinos y*
*obreros de todo el mundo y de todas las épocas,*

*y criadas, bandidos, soldados, perseguidos, exiliados, comerciantes, escritores... y Buda, Empédocles, Lao-tse, etc... He procurado que la forma y el lenguaje de las versiones se correspondan, como en el original, con esta variedad de puntos de vista y presupuestos poéticos.*

*Esta segunda fase ha tenido otra tercera complementaria, en la que la intervención de José María Carandell ha sido fundamental. Llamado Vicente Romano como profesor de una universidad norteamericana, fue una fortuna para mí lograr la colaboración del poeta José María Carandell, quien, aparte de su conocimiento profundo de la cultura y del idioma alemanes, es, precisamente, un atento estudioso de la obra brechtiana. Consistió esta tercera fase en la revisión final de las versiones, verso a verso y texto en mano, y de tal revisión surgieron modificaciones esenciales que, en algún caso, me obligaron a rehacer por completo o en parte ciertas versiones. Más aún: la intervención de Carandell ha sido decisiva incluso en la versión poética de algunos poemas, como, por ejemplo, en las «Coplas de Mackie Cuchillo».*

*Me parecía importante y justo aclarar todos estos puntos y explicar el método de trabajo seguido. Pero quiero dejar bien claro que, si lo he hecho, no ha sido en absoluto por librarme parcialmente de alguna responsabilidad, sino por dejar constancia objetiva de la génesis de esta versión, así como por respeto a la obra de Brecht.*

Jesús López Pacheco
Mayo 1965.

# 1. De «Hauspostille»
## («Devocionario del hogar», 1927)

Poesías escritas desde 1918 y recogidas en volumen bajo el título de *Hauspostille*, editadas por Propyläen Verlag, Berlin, 1927.

# Coral del Gran Baal

Cuando Baal crecía en el albo seno de su ma-
                                        [dre,
ya era el cielo tan lívido, tan sereno y tan grande,
tan joven y desnudo, tan raro y singular
como lo amó Baal cuando nació Baal.

Y el cielo seguía siendo alegría y tristeza
aunque Baal durmiera feliz y no lo viera,
aunque ebrio Baal, violeta era de noche,
y aunque piadoso al alba, era de albaricoque.

Entre el bullir de pecadores vergonzosos,
desnudo, Baal se revolcaba en paz,
y sólo y siempre el cielo poderoso
la desnudez cubría de Baal.

Es bueno todo vicio para algo
y también, dice Baal, quien lo practica.
Vicios son, ya se sabe, lo que se quiere.
Elegíos dos vicios, porque uno es demasiado.

No seáis vagos e indolentes
pues, por Dios, que no es fácil el gozar.
Hace falta experiencia y miembros fuertes:
la tripa puede a veces molestar.

Parpadea Baal a los orondos buitres
que en el cielo estrellado su cadáver esperan.
A veces se hace el muerto Baal. Desciende un
y en silencio Baal un buitre cena.          [buitre,

En el valle de lágrimas, bajo lúgubres astros,
chasqueando la lengua, pace campos Baal.
Canta y trota Baal, cuando los ha agotado,
por los bosques eternos yendo el sueño a buscar.

Cuando a Baal le atrae el oscuro seno,
¿qué es ya para Baal el mundo? Está saturado.
Y guarda tanto cielo Baal bajo los párpados
que incluso muerto tiene suficiente cielo.

Cuando Baal se pudría de la tierra en el oscuro
                                              [seno,
ya era el cielo tan grande, tan lívido y sereno,
tan joven y desnudo, tan raro y singular
como lo amó Baal cuando vivía Baal.

(1919)

No os dejéis seducir:
no hay retorno alguno.
El día está a las puertas,
hay ya viento nocturno:
no vendrá otra mañana.

No os dejéis engañar
con que la vida es poco.
Bebedla a grandes tragos
porque no os bastará
cuando hayáis de perderla.

No os dejéis consolar.
Vuestro tiempo no es mucho.
El lodo, a los podridos.
La vida es lo más grande:
perderla es perder todo.
..........................................

# Gran coral de alabanza

**1**

¡Alabad la noche, las tinieblas que os rodean!
Venid todos juntos,
levantad al cielo los ojos
ahora que el día ha acabado.

**2**

¡Alabad la hierba, los animales que con vosotros
[viven y mueren!
Pensad que el animal y la hierba
viven también
y han de morir también con vosotros.

**3**

¡Alabad el árbol que desde la carroña sube jubi-
[loso hacia el cielo!

Alabad la carroña,
alabad el árbol que se la come,
pero alabad también el cielo.


5


¡Alabad el frío, las tinieblas, la descomposición!
Mirad hacia lo alto.
De vosotros no depende
y podéis morir tranquilos.

## De la amabilidad del mundo

A la tierra llena de viento frío
todos llegasteis desnudos.
Sin temer cosa alguna, tiritabais
cuando una mujer os dio un pañal.

No os llamó nadie ni erais deseados.
No os fueron a buscar en carroza.
Erais desconocidos en la tierra
cuando un hombre os tomó de la mano.

A vosotros el mundo nada os debe:
si queréis marcharos, nadie os retiene.
Quizá erais indiferentes para muchos,
pero a otros muchos, niños, les hicisteis llorar.

De la tierra llena de viento frío
con costras y con tiña al fin os vais.
Y casi todos habéis amado el mundo
si llegasteis a tener un palmo de esta tierra.

# Balada del pobre Bertolt Brecht

Yo, Bertolt Brecht, vengo de la Selva negra.
Mi madre me llevó a las ciudades
estando aún en su vientre. El frío de los bosques
en mí lo llevaré hasta que muera.

Me siento como en casa en la ciudad de asfalto.
        [Desde el principio
me han provisto de todos los sacramentos de
periódicos, tabaco, aguardiente.      [muerte:
En resumen, soy desconfiado y perezoso, y satis-
        [fecho al fin.

Con la gente soy amable. Me pongo
un sombrero según su costumbre.
Y me digo: son bichos de olor especial.
Pero pienso: no importa, también yo lo soy.

Por la mañana, a veces, en mis mecedoras va-
me siento entre un par de mujeres.        [cías,
Las miro indiferentes y les digo:
con éste no tenéis nada que hacer.


Al atardecer reúno en torno mío hombres
y nos tratamos de *gentleman* mutuamente.
Apoyan sus pies en mis mesas.
Dicen: «Nos irá mejor». Y yo no pregunto:
                                    [«¿Cuándo?»


Al alba los abetos mean en el gris del amanecer
y sus parásitos, los pájaros, empiezan a chillar.
A esa hora, en la ciudad, me bebo mi vaso, tiro
la colilla del puro, y me duermo tranquilo.


Generación sin peso, nos han establecido
en casas que se creía indestructibles
(así construimos los largos edificios de la isla de
                                    [Manhattan
y las finas antenas que al Atlántico entretienen).


De las ciudades quedará sólo el viento que pasa-
                                    [ba por ellas.
La casa hace feliz al que come, y él es quien la
Sabemos que estamos de paso        [vacía.
y que nada importante vendrá después de nos-
                                    [otros.


En los terremotos del futuro, confío
no dejar que se apague mi puro «Virginia» por
                            [exceso de amargura,
yo, Bertolt Brecht, arrojado a las ciudades de
                                    [asfalto
desde la Selva negra, dentro de mi madre, hace
                                    [tiempo

                                              (1921)

# Sobre una muchacha ahogada

Sin hundirse, la ahogada descendía
por los arroyos y los grandes ríos,
y el cielo de ópalo resplandecía
como si acariciara su cadáver.

Las algas se enredaban en el cuerpo
y aumentaba su peso lentamente.
Le rozaban las piernas fríos peces.
Todo frenaba su último viaje.

El cielo, anocheciendo, era de humo,
y a la noche hubo estrellas vacilantes.
Pero el alba fue clara para que aún
tuviera la muchacha un nuevo día.

Al pudrirse en el agua el cuerpo pálido,
la fue olvidando Dios: primero el rostro,
luego las manos y, por fin, el pelo.
Ya no era sino un nuevo cadáver de los ríos.

(1922)

# Recuerdo de María A.

Fue un día del azul septiembre cuando,
bajo la sombra de un ciruelo joven,
tuve a mi pálido amor entre los brazos,
como se tiene a un sueño calmo y dulce.
Y en el hermoso cielo de verano,
sobre nosotros, contemplé una nube.
Era una nube altísima, muy blanca.
Cuando volví a mirarla, ya no estaba.

Pasaron, desde entonces, muchas lunas
navegando despacio por el cielo.
A los ciruelos les llegó la tala.
Me preguntas: «¿Qué fue de aquel amor?»
Debo decirte que ya no lo recuerdo,
y, sin embargo, entiendo lo que dices.
Pero ya no me acuerdo de su cara
y sólo sé que, un día, la besé.

Y hasta el beso lo habría ya olvidado
de no haber sido por aquella nube.
No la he olvidado. No la olvidaré:
era muy blanca y alta, y descendía.

Acaso aún florezcan los ciruelos
y mi amor tenga ahora siete hijos.
Pero la nube sólo floreció un instante:
cuando volví a mirar, ya se había hecho viento.

(1920)

# Trepar a los árboles

Cuando salgáis de vuestra agua, ya a la tarde
—porque debéis estar desnudos, con la piel sua-
subid también a vuestros grandes árboles [ve—¿
junto a la brisa. El cielo debe estar mortecino.
Buscad árboles grandes, que a la noche
mezan sus copas negra y blandamente.
Y entre sus hojas aguardad la noche,
rodeada de fantasmas y murciélagos la frente.

Las ásperas hojitas de la broza
os arañan la espalda, que debéis, con firmeza,
apoyar en las ramas; trepad aún,
un poco jadeantes, más arriba, entre la fronda.
Es hermoso mecerse subido en el árbol.
Mas no os mezáis jamás arrodillados.
Debéis ser al árbol lo mismo que su copa,
mecida desde siglos por él al atardecer.

(1919)

# 2. De 1926 a 1933

Durante siete años no pude dar un paso.
Cuando fui al gran médico,
me preguntó: «¿Por qué llevas muletas?»
Y yo le dije: «Porque estoy tullido.»

«No es extraño», me dijo.
«Prueba a caminar. Son esos trastos
los que te impiden andar.
¡Anda, atrévete, arrástrate a cuatro patas!»

Riendo como un monstruo,
me quitó mis hermosas muletas,
las rompió en mis espaldas y, sin dejar de reír,
las arrojó al fuego.

Ahora estoy curado. Ando.
Me curó una carcajada.
Tan sólo a veces, cuando veo palos,
camino algo peor por unas horas.

## Carbón para Mike

Me han contado que en Ohio,
a comienzos del siglo,
vivía en Bidwell una mujer,
Mary McCoy, viuda de un guardavía
llamado Mike McCoy, en plena miseria.

Pero cada noche, desde los trenes ensordecedores
                    [de la Wheeling Railroad,
los guardafrenos arrojaban un trozo de carbón
por encima de la tapia del huerto de patatas
gritando al pasar con voz ronca:
«¡Para Mike!»

Y cada noche, cuando el trozo de carbón para
                    [Mike
golpeaba en la pared posterior de la chabola,
la vieja se levantaba, se ponía,
soñolienta, la falda, y guardaba el trozo de car-
regalo de los guardafrenos a Mike, muerto [bón,
pero no olvidado.

Se levantaba tan temprano y ocultaba
sus regalos a los ojos de la gente,
para que los guardafrenos no tuvieran dificulta-
con la Wheeling Railroad.                          [des

Este poema está dedicado a los compañeros del
                                    [guardafrenos McCoy
(muerto por tener los pulmones demasiado débi-
en los trenes carboneros de Ohio)               [les
en señal de solidaridad.

                                            (1926)

# Demolición del barco «Oskawa» por su tripulación

A comienzos de 1922
me embarqué en el «Oskawa», un vapor de seis
[mil toneladas,
construido cuatro años antes con un costo de
[dos millones de dólares
por la United States Shipping Board. En Ham-
[burgo
tomamos un flete de champán y licores con des-
[tino a Río.
Como la paga era escasa,
sentimos la necesidad de ahogar
en alcohol nuestras penas. Así,
varias cajas de champán tomaron
el camino del sollado de la tripulación. Pero tam-
[bién en la cámara de oficiales,
y hasta en el puente y en el cuarto de derrota,

se oía ya, a los cuatro días de dejar Hamburgo,
tintineo de vasos y canciones
de gente despreocupada. Varias veces
el barco se desvió de su ruta. No obstante,
gracias a que tuvimos mucha suerte, llegamos
a Río de Janeiro. Nuestro capitán,
al contarlas durante la descarga, comprobó que
[faltaban
cien cajas de champán. Pero, no encontrando
mejor tripulación en el Brasil,
tuvo que seguir con nosotros. Cargamos
más de mil toneladas de carne congelada con des-
[tino a Hamburgo.
A los pocos días de mar, se apoderó de nosotros
[la preocupación
por la paga pequeña, la insegura vejez.
Uno de nosotros, en plena desesperación,
echó demasiado combustible a la caldera, y el
[fuego
pasó de la chimenea a la cubierta, de modo que
botes, puente y cuarto de derrota ardieron. Para
[no hundirnos
colaboramos en la extinción, pero,
cavilando sobre la mala paga (¡incierto futuro! ),
[no nos esforzamos
mucho por salvar la cubierta. Fácilmente,
con algunos gastos, podrían reconstruirla: ya ha-
[bían ahorrado
suficiente dinero con la paga que nos daban.
Y, además, los esfuerzos excesivos al llegar a una
[cierta edad
hacen envejecer en seguida a los hombres inuti-
[lizándolos para la lucha por la vida.
Por lo tanto, y puesto que teníamos que reservar
[nuestras fuerzas,
un buen día ardieron las dínamos, necesitadas
[de cuidados
que no podían prestarles gente descontenta. Nos
[quedamos

sin luz. Al principio usamos lámparas de aceite
para evitar colisiones con otros barcos, pero
un marinero cansado, abatido por los pensamien-
                                                [tos
sobre su sombría vejez, para ahorrarse trabajo,
                                        [arrojó los fanales
por la borda. Faltaba poco para llegar a Madera
cuando la carne empezó a oler mal en las cáma-
                                        [ras frigoríficas
debido al fallo de las dínamos. Desgraciadamen-
                                                [te,
un marinero distraído, en vez del agua de las
                                                [sentinas,
bombeó casi todo el agua fresca. Quedaba aún
                                        [para beber,
pero ya no había suficiente para las calderas.
                                        [Por lo tanto,
tuvimos que emplear agua salada para las máqui-
                                        [nas, y de esta forma
se nos volvieron a taponar los tubos con la sal.
                                        [Limpiarlos
llevó mucho tiempo. Siete veces hubo que hacer-
                                                [lo.
Luego se produjo una avería en la sala de má-
                                        [quinas. También
la reparamos, riéndonos por dentro. El «Oskawa»
se arrastró lentamente hasta Madera. Allí
no había modo de hacer reparaciones de tanta
                                        [envergadura
como las que necesitábamos. Sólo tomamos
un poco de agua, algunos fanales y aceite para
                                        [ellos. Las dínamos
eran, al parecer, inservibles y por consiguiente
no funcionaba el sistema de refrigeración y el
                                                [hedor
de la carne congelada ya en descomposición llegó
                        [a ser insoportable para nuestros
nervios alterados. El capitán,

cuando se paseaba a bordo siempre llevaba una
                              [pistola, lo que constituía
una ofensiva muestra de desconfianza. Uno de
fuera de sí por trato tan indigno,       [nosotros,
soltó un chorro de vapor por los tubos refrige-
para que aquella maldita carne        [radores
al menos se cociera. Y aquella tarde
la tripulación entera permaneció sentada, calcu-
                              [lando, diligente,
lo que le costaría la carga a la United States. An-
                              [tes de que acabara el viaje
logramos incluso mejorar nuestra marca: ante la
                              [costa de Holanda,
se nos acabó pronto el combustible y,
con grandes gastos, tuvimos que ser remolcados
                              [hasta Hamburgo.
Aquella carne maloliente aún causó a nuestro ca-
muchas preocupaciones. El barco        [pitán
fue desguazado. Nosotros pensábamos
que hasta un niño podría comprender
que nuestra paga era realmente demasiado pe-
                              [queña.

Sepárate de tus compañeros en la estación.
Vete de mañana a la ciudad con la chaqueta abro-
[chada,
búscate un alojamiento, y cuando llame a él tu
[compañero,
no le abras. ¡Oh, no le abras la puerta!
Al contrario,
borra todas las huellas.

Si encuentras a tus padres en la ciudad de Ham-
[burgo, o donde sea,
pasa a su lado como un extraño, dobla la esqui-
[na, no los reconozcas.
Baja el ala del sombrero que te regalaron.
No muestres tu cara. ¡Oh, no muestres tu cara!
Al contrario,
borra todas las huellas.

34

Come toda la carne que puedas. No ahorres.
Entra en todas las casas, cuando llueva, y sién-
                              [tate en cualquier silla,
pero no te quedes sentado. Y no te olvides el
Hazme caso:                                 [sombrero.
borra todas las huellas.

Lo que digas, no lo digas dos veces.
Si otro dice tu pensamiento, niégalo.
Quien no dio su firma, quien no dejó foto alguna,
quien no estuvo presente, quien no dijo nada,
¿cómo puede ser cogido?
Borra todas las huellas.

Cuando creas que vas a morir, cuídate
de que no te pongan losa sepulcral que traicione
                                    [donde estás,
con su escritura clara, que te denuncia,
con el año de tu muerte, que te entrega.
Otra vez lo digo:
borra todas las huellas.

(Esto me enseñaron.)

        (1926, del *Libro de lectura para los
        habitantes de las ciudades*)

Cuatro invitaciones a un hombre
llegadas desde distintos sitios
en tiempos distintos

## 1

Esta es tu casa.
Puedes poner aquí tus cosas.
Coloca los muebles a tu gusto.
Pide lo que necesites.
Ahí está la llave.
Quédate aquí.

## 2

Este es el aposento para todos nosotros.
Para ti hay un cuarto con una cama.
Puedes echarnos una mano en los campos.
Tendrás tu propio plato.
Quédate con nosotros.

3

Aquí puedes dormir.
La cama aún está fresca,
sólo la ocupó un hombre.
Si eres delicado,
enjuaga la cuchara de estaño en ese cubo
y quedará como nueva.
Quédate confiado con nosotros.

4

Este es el cuarto.
Date prisa; si quieres, puedes quedarte
toda la noche, pero se paga aparte.
Yo no te molestaré
y, además, no estoy enferma.
Aquí estás tan a salvo como en cualquier otro
Puedes quedarte aquí, por lo tanto.          [sitio.

(1926, del *Libro de lectura para los
habitantes de las ciudades*)

# Coplas de «Mackie Cuchillo»

Y el tiburón tiene dientes
y a la cara los enseña,
y Mackie tiene un cuchillo
pero no hay quien se lo vea.

El tiburón, cuando ataca,
tinta en sangre sus aletas,
Mackie en cambio lleva guantes
para ocultar sus faenas.

Un luminoso domingo,
un muerto en la playa encuentran,
y el que ha doblado la esquina
en ese instante, ¿quién era?

Schmul Meier, como otros ricos,
se ha esfumado de la tierra.
Cuchillo tiene su pasta
pero nadie lo demuestra.

Se ha encontrado a Jenny Towler
de una cuchillada muerta.
Cuchillo, que está en el puerto,
parece que ni se entera.

En el incendio, un anciano
y siete niños se queman.
Mackie está entre los mirones
pero nadie le molesta.

La viuda, menor de edad,
cuyo nombre mucho suena,
amanece violada.
Mackie, ¿quién paga la cuenta?

Los peces desaparecen
y los fiscales, con pena,
al tiburón por fin llaman
a que a juicio comparezca.

Y el tiburón nada sabe,
y al tiburón, ¿quién se acerca?
Un tiburón no es culpable
mientras nadie lo demuestra.

(1929, de *La ópera de dos centavos*)

# Canción de Jenny la de los piratas

1

Señores: hoy me ven fregar vasos
y soy yo quien les hace la cama.
Gracias les doy si me dan propina,
andrajosa de hotel andrajoso.
Pero ustedes no saben con quién hablan.
Una tarde en el puerto habrá gritos
y se dirán: «¿Qué gritos son ésos?»
Me verán sonreír mientras friego
y se dirán: «¿Por qué se sonríe?»

> Y un barco con ocho velas
> y con cincuenta cañones
> habrá atracado en el muelle.

2

Ellos me dicen: «¡Vete a fregar!»
Y me dan la propina y la tomo.
Las camas les haré, qué remedio.
(Pero esa noche no dormirán.)
Pues por la tarde oirán en el puerto
un estruendo y dirán: «¿Qué estruendo es ése?»
Me verán asomarme a la ventana
y dirán: «¡Qué sonrisa tan rara!»

> Y el barco con ocho velas
> y con cincuenta cañones
> bombardeará la ciudad.

3

Señores: se acabó ya la risa.
Porque todos los muros caerán,
será arrasada vuestra ciudad,
menos un pobre hotel andrajoso.
Preguntarán: «¿Quién vive en ese hotel?»
Y me verán salir por la mañana,
y dirán: «¡Era ella quien vivía!»

> Y el barco con ocho velas
> y con cincuenta cañones
> empavesará sus mástiles.

4

Y a mediodía desembarcarán
cien hombres. Y vendrán, ocultándose,
de puerta a puerta, agarrando a todos.

Ante mí los traerán con cadenas,
y me preguntarán: «¿A quién matamos?»
Y habrá un silencio grande en el puerto
al preguntarme quién debe morir.
Se oirá entonces mi voz diciendo: «¡Todos!»,
y «¡Hurra!», a cada cabeza que caiga.

  Y el barco con ocho velas
  y con cincuenta cañones
  conmigo zarpará.

     (1929, de *La ópera de dos centavos*)

Pensaba, una vez, cuando era inocente
—y lo he sido lo mismo que tú—:
«Acaso un hombre me venga a buscar.»
¡Cuidado con perder el juicio entonces!
Y si tiene dinero,
y es bien educado,
y a diario lleva camisa limpia,
si sabe a una señora tratar,
le diré entonces: «No.»
Con la cabeza alta
y sentido común.
Brillará la luna en la noche,
zarpará la barca de la orilla, sí,
pero no hay que dejarle pasar de la raya.

Una no puede dejarse llevar,
hay que ser frías, hay que ser duras de corazón.
¡Cuántas cosas podrían pasar!
Pero sólo se puede decir «no».


El primero que vino fue un hombre de Kent
y era como un hombre debe ser.
El segundo tenía en el puerto tres barcos,
y estaba el tercero loco por mí.
Y como tenían dinero
y eran bien educados,
como llevaban a diario camisa limpia,
y sabían a una señora tratar,
les dije a los tres «no».
Con la cabeza alta
y sentido común.
Y la luna en la noche brilló,
se alejó la barca de la orilla, sí,
pero no les dejé pasar de la raya.
Una no puede dejarse llevar,
hay que ser frías, hay que ser duras de corazón.
¡Cuántas cosas podrían pasar!
Pero sólo se puede decir «no».


Mas un día, un hermoso día azul,
vino uno que no me rogó.
Colgó su sombrero en el clavo de mi habitación
y ya no supe lo que hacía.
Y como no tenía dinero,
ni era bien educado,
y no llevaba camisa limpia ni el domingo,
ni sabía a una señora tratar,
a él no le dije «no».
No tuve la cabeza alta
ni sentido común.

Ah, brilló la luna en la noche,
y la barca atada a la orilla quedó,
pero fue inevitable pasar de la raya.
Sí, hay que dejarse llevar simplemente,
no hay que ser frías, no hay que ser duras de co-
¡Tantas cosas tenían que pasar!                [razón.
No se podía ya decir «no».

(1929, «Canción de Polly Peachum», de
*La ópera de dos centavos)*

## Romance final
de *La ópera de dos centavos*

Y aquí, para acabar bien,
todo junto está en el saco.
Si hay dinero, no hay problema:
el final no es nunca malo.

Que pesca en río revuelto
dice Fulano a Zutano.
Pero, al fin, los dos se comen
el pan del pobre, abrazados.

Pues unos están en sombra,
y otros bien iluminados.
Se ve a los que da la luz,
pero a los otros, ni caso.

(1929)

# Canción de los poetas líricos

(Cuando, en el primer tercio del siglo XX,
no se pagaba ya nada por las poesías.)

Esto que vais a leer está en verso.
Lo digo porque acaso no sabéis
ya lo que es un verso ni un poeta.
En verdad, no os portasteis muy bien con nos-
[otros.

¿No habéis notado nada? ¿Nada tenéis que pre-
[guntar?
¿No observasteis que nadie publicaba ya versos?
¿Y sabéis la razón? Os la voy a decir:
Antes, los versos se leían y pagaban.

Nadie paga ya nada por la poesía.
Por eso hoy no se escribe. Los poetas preguntan:
«¿Quién la lee?» Mas también se preguntan:
[«¿Quién la paga?»

Si no pagan, no escriben. A tal situación los ha-
                                  [béis reducido.


Pero ¿por qué?, se pregunta el poeta. ¿Qué falta
                                  [he cometido?
¿No hice siempre lo que me exigían los que me
                                  [pagaban?
¿Acaso no he cumplido mis promesas?
Y oigo decir a los que pintan cuadros


que ya no se compra ninguno. Y los cuadros tam-
                                  [bién
fueron siempre aduladores; hoy yacen en el des-
                                  [ván...
¿Qué tenéis contra nosotros? ¿Por qué no que-
                                  [réis pagar?
Leemos que os hacéis cada día más ricos...


¿Acaso no os cantamos, cuando teníamos
el estómago lleno, todo lo que disfrutabais en la
                                  [tierra?
Así lo disfrutabais otra vez: la carne de vuestras
                                  [mujeres,
la melancolía del otoño, el arroyo, sus aguas bajo
                                  [la luna...


Y el dulzor de vuestras frutas. El rumor de la
                                  [hoja al caer.
Y de nuevo la carne de vuestras mujeres. Y lo
                                  [invisible
sobre vosotros. Y hasta el recuerdo del polvo
en que os habéis de transformar al final.

Pero no es sólo esto lo que pagabais gustosos. Lo
[que escribíamos
sobre aquellos que no se sientan como vosotros
[en sillas de oro,
también nos lo pagabais siempre. ¡Cuántas lágri-
[mas enjugamos!
¡Cuántas veces consolamos a quienes vosotros
[heríais!


Mucho hemos trabajado para vosotros. Jamás
[nos negamos.
Siempre nos sometimos. Lo más que decíamos
[era «¡Pagadlo!»
¡Cuántos crímenes hemos cometido así por vos-
[otros! ¡Cuántos crímenes!
¡Y siempre nos conformábamos con las sobras
[de vuestra comida!


Ay, ante vuestros carros hundidos en sangre y
[porquería
nosotros siempre uncimos nuestras grandes pa-
[labras.
A vuestro corral de matanzas le llamamos «cam-
[po del honor».
y «hermanos de labios largos» a vuestros caño-
[nes.


En los papeles que pedían impuestos para vos-
[otros
hemos pintado los cuadros más maravillosos.
Y declamando nuestros cantos ardientes
siempre os volvieron a pagar los impuestos.

Hemos estudiado y mezclado las palabras como
                                            [drogas,
aplicando tan sólo las mejores, las más fuertes.
Quienes las tomaron de nosotros, se las tragaron,
y se entregaron a vuestras manos como corderos.


A vosotros os hemos comparado sólo con aque-
                                    [llo que os placía.
En general, con los que fueron también celebra-
                                    [dos injustamente
por quienes les calificaban de mecenas sin tener
                                    [nada caliente en el estómago.
Y furiosamente perseguimos a vuestros enemigos
                        [con poesías como puñales.


¿Por qué, de pronto, dejáis de visitar nuestros
                                            [mercados?
¡No tardéis tanto en comer! ¡Se nos enfrían las
                                            [sobras!
¿Por qué no nos hacéis más encargos? ¿Ni un
                        [cuadro? ¿Ni una loa siquiera?
¿Es que os creéis agradables tal como sois?


¡Tened cuidado! ¡No podéis prescindir de nos-
                                            [otros!
¡Ojalá supiéramos cómo atraer
vuestra mirada hacia nosotros!
Creednos, señores: hoy seríamos más baratos.
Pero no podemos regalarles nuestros cuadros y
                                            [versos.

Cuando empecé a escribir esto que leéis —¿lo
                    [estáis leyendo?—
me propuse que todos los versos rimaran.
Pero el trabajo me parecía excesivo, lo confieso
                    [a disgusto,
y pensé: ¿Quién me lo pagará? Decidí dejarlo.

(1931)

## Canción del autor dramático
### (Fragmento)

1

Soy un autor dramático. Muestro
lo que he visto. Y he visto mercados de hombres
donde se comercia con el hombre. Esto
es lo que yo, autor dramático, muestro.


Cómo se reúnen en habitaciones para hacer pla-
a base de porras de goma o de dinero,      [nes
cómo están en la calle y esperan,
cómo unos a otros se preparan trampas
llenos de esperanza,
cómo se citan,
cómo se ahorcan mutuamente,
cómo se aman,
cómo defienden su presa,
cómo devoran...

Esto es lo que muestro.
Refiero las palabras que se dicen.
Lo que la madre le dice al hijo,
lo que el empresario le ordena al obrero,
lo que la mujer le responde al marido.
Palabras implorantes, de mando,
de súplica, de confusión,
de mentira, de ignorancia...
Todas las refiero.


Veo precipitarse nevadas,
terremotos que se aproximan.
Veo surgir montañas en medio del camino,
ríos que se desbordan.
Pero las nevadas llevan sombrero en la cabeza,
las montañas se han bajado de automóviles
y los ríos enfurecidos mandan escuadrones de
                                    [policías.


2


Para poder mostrar lo que veo,
estudié las representaciones de otros pueblos y
                                    [otras épocas.
He adaptado un par de obras, examinando
minuciosamente su técnica y asimilando de ellas
lo que a mí me servía.
Estudié las representaciones de los grandes se-
                                    [ñores feudales

entre los ingleses, con sus ricas figuras
a las que el mundo sirve para desplegar su gran-
Estudié a los españoles moralizantes,      [deza.
a los indios, maestros en las bellas sensaciones,
y a los chinos, que representan a las familias
y los variados destinos en las ciudades.

# Canción de los bateleros del arroz

Río arriba, en la ciudad,
nos espera un puñado de arroz,
pero pesa la barca que debe subir
y el agua corre río abajo.
Nunca llegaremos arriba.

Tirad más aprisa, las bocas
esperan ya la comida.
Todos a una. No tropieces
con tu compañero.

La noche viene pronto. En nuestro cuarto
ni la sombra de un perro podría dormir,
pero cuesta un puñado de arroz.
Como la orilla es resbaladiza
no nos movemos del sitio.

Tirad más aprisa, las bocas
esperan ya la comida.
Todos a una. No tropieces
con tu compañero.

La soga que en los hombros se nos hunde
tiene más resistencia que nosotros.
El látigo de nuestro vigilante
cuatro generaciones lo conocen.
No seremos la última nosotros.

Tirad más aprisa, las bocas
esperan ya la comida.
Todos a una. No tropieces
con tu compañero.

La barca nuestros padres arrastraron
un poco más arriba de donde muere el río.
Alcanzarán la fuente nuestros hijos.
Nosotros somos los de en medio.

Tirad más aprisa, las bocas
esperan ya la comida.
Todos a una. No tropieces
con tu compañero.

En la barca hay arroz. El campesino
que lo cosechó ha recibido
sólo un puñado de monedas, pero nosotros
recibimos aún menos. Un buey
les saldría más caro. Somos demasiados.

Tirad más aprisa, las bocas
esperan ya la comida.
Todos a una. No tropieces
con tu compañero.

Cuando llega el arroz a la ciudad
y los niños preguntan que quién
arrastró la pesada barca, se les dice:
ha sido arrastrada.

Tirad más aprisa, las bocas
esperan ya la comida.
Todos a una. No tropieces
con tu compañero.

La comida de abajo les viene
a los que arriba la comen. Aquellos
que la arrastraron
no han comido.

## Canción del comerciante

Río abajo hay arroz,
río arriba la gente necesita el arroz.
Si lo guardamos en los silos,
más caro les saldrá luego el arroz.
Los que arrastran las barcas recibirán aún
Y tanto más barato será para mí.      [menos.
Pero ¿qué es el arroz realmente?

      ¡Yo qué sé lo que es el arroz!
      ¡Yo qué sé quién lo sabrá!
      Yo no sé lo que es el arroz.
      No sé más que su precio.

Se acerca el invierno, la gente necesita ropa.
Es preciso, pues, comprar algodón
y no darle salida.
Cuando el frío llegue, encarecerán los vestidos.
Las hilanderías pagan jornales excesivos.
En fin, que hay demasiado algodón.
Pero ¿qué es realmente el algodón?

¡Yo qué sé lo que es el algodón!
¡Yo qué sé quién lo sabrá!
Yo no sé lo que es el algodón.
No sé más que su precio.

El hombre necesita abundante comida
y ello hace que el hombre salga más caro.
Para hacer alimentos se necesitan hombres.
Los cocineros abaratan la comida,
pero la ponen cara los mismos que la comen.
En fin, son demasiado escasos los hombres.
Pero ¿qué es realmente un hombre?

¡Yo qué sé lo que es un hombre!
¡Yo qué sé quién lo sabrá!
Yo no sé lo que es un hombre.
No sé más que su precio.

(1930)

# Refugio nocturno

Me han contado que en Nueva York,
en la esquina de la calle veintiséis con Broadway,
en los meses de invierno, hay un hombre todas las
que, rogando a los transeúntes,          [noches
procura un refugio a los desamparados que allí se
                                                    [reúnen.


Al mundo así no se le cambia,
las relaciones entre los hombres no se hacen mejo-
                                                    [res.
No es ésta la forma de hacer más corta la era de la
                                                    [explotación.
Pero algunos hombres tienen cama por una no-
                                                    [che,
durante toda una noche están resguardados del
                                                    [viento
y la nieve a ellos destinada cae en la calle.

No abandones el libro que te lo dice, hombre.
Algunos hombres tienen cama por una noche,
durante toda una noche están resguardados del
                                    [viento
y la nieve a ellos destinada cae en la calle.
Pero al mundo así no se le cambia,
las relaciones entre los hombres no se hacen me-
                                    [jores.
No es ésta la forma de hacer más corta la era de la
                                    [explotación.

(1931)

De todos los objetos

De todos los objetos, los que más amo
son los usados.
Las vasijas de cobre con abolladuras y bordes
[aplastados,
los cuchillos y tenedores cuyos mangos de madera
han sido cogidos por muchas manos. Estas son
[las formas
que me parecen más nobles. Esas losas en torno a
[viejas casas,
desgastadas de haber sido pisadas tantas veces,
esas losas entre las que crece la hierba, me pare-
objetos felices.                                    [cen

Impregnados del uso de muchos,
a menudo transformados, han ido perfeccionando
[sus formas y se han hecho preciosos
porque han sido apreciados muchas veces.

Me gustan incluso los fragmentos de esculturas
con los brazos cortados. Vivieron
también para mí. Cayeron porque fueron traslada-
                                        [das;
si las derribaron, fue porque no estaban muy altas.
Las construcciones casi en ruinas
parecen todavía proyectos sin acabar,
grandiosos; sus bellas medidas
pueden ya imaginarse, pero aún necesitan
de nuestra comprensión. Y, además,
ya sirvieron, ya fueron superadas incluso. Todas
me hacen feliz                          [estas cosas

(1932)

# Loa de la dialéctica

Con paso firme se pasea hoy la injusticia.
Los opresores se disponen a dominar otros diez
                                    [mil años más.
La violencia garantiza: «Todo seguirá igual.»
No se oye otra voz que la de los dominadores,
y en el mercado grita la explotación: «Ahora es
                                    [cuando empiezo.»
Y entre los oprimidos, muchos dicen ahora:
«Jamás se logrará lo que queremos.»


Quien aún esté vivo no diga «jamás».
Lo firme no es firme.
Todo no seguirá igual.
Cuando hayan hablado los que dominan,
hablarán los dominados.
¿Quién puede atreverse a decir «jamás»?
¿De quién depende que siga la opresión? De nos-
                                    [otros.

¿De quién que se acabe? De nosotros también.
¡Que se levante aquel que está abatido!
¡Aquel que está perdido, que combata!
¿Quién podrá contener al que conoce su condi-
[ción?
Pues los vencidos de hoy son los vencedores de
[mañana
y el jamás se convierte en hoy mismo.

(1932)

## Loa de la duda

¡Loada sea la duda! Os aconsejo que saludéis
serenamente y con respeto
a aquel que pesa vuestra palabra como una mone-
[da falsa.
Quisiera que fueseis avisados y no dierais
vuestra palabra demasiado confiadamente.

Leed la historia. Ved
a ejércitos invencibles en fuga enloquecida.
Por todas partes
se derrumban fortalezas indestructibles,
y de aquella Armada innumerable al zarpar
podían contarse
las naves que volvieron.

Así fue como un hombre ascendió un día a la cima
y un barco logró llegar          [inaccesible,
al confín del mar infinito.

¡Oh hermoso gesto de sacudir la cabeza
ante la indiscutible verdad!
¡Oh valeroso médico que cura
al enfermo ya desahuciado!


Pero la más hermosa de todas las dudas
es cuando los débiles y desalentados levantan su
y dejan de creer                              [cabeza
en la fuerza de sus opresores.


¡Cuánto esfuerzo hasta alcanzar el principio!
¡Cuántas víctimas costó!
¡Qué difícil fue ver
que aquello era así y no de otra forma!
Suspirando de alivio, un hombre lo escribió un día
                            [en el libro del saber.


Quizá siga escrito en él mucho tiempo y genera-
                            [ción tras generación
de él se alimenten juzgándolo eterna verdad.
Quizá los sabios desprecien a quien no lo conozca.
Pero puede ocurrir que surja una sospecha, que
                            [nuevas experiencias
hagan conmoverse al principio. Que la duda se des-
                            [pierte.


Y que, otro día, un hombre, gravemente,
tache el principio del libro del saber.

.................................................................

Instruido
por impacientes maestros, el pobre oye
que es éste el mejor de los mundos, y que la gotera
del techo de su cuarto fue prevista por Dios en
                            [persona.

Verdaderamente, le es difícil
dudar de este mundo.
Bañado en sudor, se curva el hombre construyen-
          [do la casa en que no ha de vivir.


Pero también suda a mares el hombre que cons-
                    [truye su propia casa.
Son los irreflexivos los que nunca dudan.
Su digestión es espléndida, su juicio infalible.
No creen en los hechos, sólo creen en sí mismos.
                    [Si llega el caso,
son los hechos los que tienen que creer en ellos.
                              [Tienen
ilimitada paciencia consigo mismos. Los argu-
                              [mentos
los escuchan con oídos de espía.


Frente a los irreflexivos, que nunca dudan,
están los reflexivos, que nunca actúan.
No dudan para llegar a la decisión, sino
para eludir la decisión. Las cabezas
sólo las utilizan para sacudirlas. Con aire grave
advierten contra el agua a los pasajeros de naves
                              [hundiéndose.


Bajo el hacha del asesino,
se preguntan si acaso el asesino no es un hombre
                              [también.
Tras observar, refunfuñando,
que el asunto no está del todo claro, se van a la
                              [cama.
Su actividad consiste en vacilar.
Su frase favorita es: «No está listo para senten-
                              [cia.»

Por eso, si alabáis la duda,
no alabéis, naturalmente,
la duda que es desesperación.


¿De qué le sirve poder dudar
a quien no puede decidirse?
Puede actuar equivocadamente
quien se contente con razones demasiado escasas,
pero quedará inactivo ante el peligro
quien necesite demasiadas.
Tú, que eres un dirigente, no olvides
que lo eres porque has dudado de los dirigentes.
Permite, por lo tanto, a los dirigidos
dudar.

## Loa del estudio

¡Estudia lo elemental! Para aquellos
cuya hora ha llegado
no es nunca demasiado tarde.
¡Estudia el «abc»! No basta, pero
estúdialo. ¡No te canses!
¡Empieza! ¡Tú tienes que saberlo todo!
Estás llamado a ser un dirigente.

¡Estudia, hombre en el asilo!
¡Estudia, hombre en la cárcel!
¡Estudia, mujer en la cocina!
¡Estudia, sexagenario!
Estás llamado a ser un dirigente.

¡Asiste a la escuela, desamparado!
¡Persigue el saber, muerto de frío!
¡Empuña el libro, hambriento! ¡Es un arma!
Estás llamado a ser un dirigente.

¡No temas preguntar, compañero!
¡No te dejes convencer!
¡Compruébalo tú mismo!
Lo que no sabes por ti,
no lo sabes.
Repasa la cuenta
tú tienes que pagarla.
Apunta con tu dedo a cada cosa
y pregunta: «Y esto, ¿de qué?»
Estás llamado a ser un dirigente.

(1933)

# Canción de la rueda hidráulica

1

Los poemas épicos nos dan noticia
de los grandes de este mundo:
suben como astros,
como astros caen.
Resulta consolador y conviene saberlo.
Pero para nosotros, los que tenemos que alimen-
siempre ha sido, ay, más o menos igual.   [tarlos,
Suben y bajan, pero ¿a costa de quién?


Sigue la rueda girando.
Lo que hoy está arriba no seguirá siempre
[arriba.

Mas para el agua de abajo, ay, esto sólo
[significa
que hay que seguir empujando la rueda.


## 2

Tuvimos muchos señores,
tuvimos hienas y tigres,
tuvimos águilas y cerdos.
Y a todos los alimentamos.


Mejores o peores, era lo mismo:
la bota que nos pisa es siempre una bota.
Ya comprendéis lo que quiero decir:
no cambiar de señores, sino no tener ninguno.


Sigue la rueda girando.
Lo que hoy está arriba no seguirá siempre
[arriba.
Mas para el agua de abajo, ay, esto sólo sig-
[nifica
que hay que seguir empujando la rueda.


## 3

Se embisten brutalmente,
pelean por el botín.
Los demás, para ellos, son tipos avariciosos
y a sí mismos se consideran buena gente.
Sin cesar los vemos enfurecerse
y combatirse entre sí. Tan sólo
cuando ya no queremos seguir alimentándolos
se ponen de pronto todos de acuerdo.

Ya no sigue la rueda girando,
y se acaba la farsa divertida
cuando el agua, por fin, libre su fuerza,
se entrega a trabajar para ella sola.

(1932)

> Hablen otros de su vergüenza.
> Yo hablo de la mía./‾

¡Oh Alemania, pálida madre!
Entre los pueblos te sientas
cubierta de lodo.
Entre los pueblos marcados por la infamia
tú sobresales.

El más pobre de tus hijos
yace muerto.
Cuando mayor era su hambre
tus otros hijos
alzaron la mano contra él.
Todos lo saben.

Con sus manos alzadas,
alzadas contra el hermano,
ante ti desfilan altivos
riéndose en tu cara.
Todos lo saben.

En tu casa
la mentira se grita.
Y a la verdad la tienes
amordazada.
¿Acaso no es así?

¿Por qué te ensalzan los opresores?
¿Por qué te acusan los oprimidos?
Los explotados
te señalan con el dedo, pero
los explotadores alaban el sistema
inventado en tu casa.

Y, sin embargo, todos te ven
esconder el borde de tu vestido, ensangrentado
con la sangre del mejor
de tus hijos.

Los discursos que salen de tu casa producen risa.
Pero aquel que se encuentra contigo, echa mano
                              [del cuchillo
como si hubiera encontrado a un bandido.

¡Oh Alemania, pálida madre!
¿Qué han hecho tus hijos de ti
para que, entre todos los pueblos,
provoques la risa o el espanto?

                                   (1933)

Esclavo, ¿quién te liberará?
Los que están en la sima más honda
te verán, compañero,
tus gritos oirán.
Los esclavos te liberarán.

    O todos o ninguno. O todo o nada.
    Uno sólo no puede salvarse.
    O los fusiles o las cadenas.
    O todos o ninguno. O todo o nada.

Hambriento, ¿quién te alimentará?
Si tú quieres pan, ven con nosotros,
los que no lo tenemos.
Déjanos enseñarte el camino.
Los hambrientos te alimentarán.

O todos o ninguno. O todo o nada.
Uno sólo no puede salvarse.
O los fusiles o las cadenas.
O todos o ninguno. O todo o nada.

Vencido, ¿quién te puede vengar?
Tú que padeces heridas,
únete a los heridos.
Nosotros, compañero, aunque débiles,
nosotros te podemos vengar.

O todos o ninguno. O todo o nada.
Uno sólo no puede salvarse.
O los fusiles o las cadenas.
O todos o ninguno. O todo o nada.

Hombre perdido, ¿quién se arriesgará?
Aquel que ya no pueda soportar
su miseria, que se una a los que luchan
porque su día sea el de hoy
y no algún día que ha de llegar.

O todos o ninguno. O todo o nada.
Uno sólo no puede salvarse.
O los fusiles o las cadenas.
O todos o ninguno. O todo o nada.

# 3. Poesías escritas durante el exilio
## (1933-1947)

En los tiempos sombríos
¿se cantará también?
También se cantará
sobre los tiempos sombríos.

## El sastre de Ulm (1592)

—¡Obispo, puedo volar!
—le dijo el sastre al obispo—.
¡Fíjate, voy a probar!
—Y con algo como alas
el sastre subió al lugar
más alto de la catedral.
Pero el obispo no quiso mirar—.

  —Como el hombre no es un ave,
  eso es pura falsedad
  —dijo el obispo del sastre—.
  Nadie volará jamás.

—El sastre ha muerto —la gente
al obispo fue a informar—.
Fue una locura. Sus alas
se tenían que desarmar.
Y ahora yace destrozado
sobre la plaza de la catedral.

—¡Que repiquen las campanas!
Era pura falsedad.
¡Como el hombre no es un ave
—dijo el obispo a la gente—,
nunca el hombre volará!

(1934, del libro *Historias del Calendario*, 1939)

## El ciruelo

Hay en el patio un ciruelo
que no se encuentra menor.
Para que nadie le pise
tiene reja alrededor.

Aunque no puede crecer,
él sueña con ser mayor.
Pero nunca podrá serlo
teniendo tan poco sol.

Duda si será un ciruelo
porque ciruelas no da.
Mas se conoce en la hoja
que es ciruelo de verdad.

(1934)

# Parábola de Buda sobre la casa en llamas

Gautama, el Buda, enseñaba
la doctrina de la Rueda de los Deseos, a la que
       [estamos sujetos, y nos aconsejaba
liberarnos de todos los deseos para así,
ya sin pasiones, hundirnos en la Nada, a la que
       [llamaba Nirvana.
Un día sus discípulos le preguntaron:
«¿Cómo es esa Nada, Maestro? Todos quisiéra-
       [mos
liberarnos de nuestros apetitos, según aconsejas,
       [pero explícanos
si esa Nada en la que entraremos
es algo semejante a esa fusión con todo lo creado
que se siente cuando, al mediodía, yace el cuer-
       [po en el agua,
casi sin pensamientos, indolentemente; o si es
       [como cuando,

apenas ya sin conciencia para cubrirnos con la
[manta,
nos hundimos de pronto en el sueño; dinos, pues,
[si se trata
de una Nada buena y alegre o si esa Nada tuya
no es sino una Nada fría, vacía, sin sentido.»
Buda calló largo rato. Luego dijo con indiferen-
[cia:
«Ninguna respuesta hay para vuestra pregunta.»
Pero a la noche, cuando se hubieron ido,
Buda, sentado todavía bajo el árbol del pan, a
[los que no le habían preguntado
les narró la siguiente parábola:
«No hace mucho vi una casa que ardía. Su techo
era ya pasto de las llamas. Al acercarme advertí
que aún había gente en su interior. Fui a la puer-
[ta y les grité
que el techo estaba ardiendo, incitándoles
a que salieran rápidamente. Pero aquella gente
no parecía tener prisa. Uno me preguntó,
mientras el fuego le chamuscaba las cejas,
qué tiempo hacía fuera, si llovía,
si no hacía viento, si existía otra casa,
y otras cosas parecidas. Sin responder,
volví a salir. Esta gente, pensé,
tiene que arder antes que acabe con sus pregun-
[tas. Verdaderamente, amigos,
a quien el suelo no le queme en los pies hasta el
[punto de desear gustosamente
cambiarse de sitio, nada tengo que decirle.» Así
[hablaba Gautama, el Buda.
Pero también nosotros, que ya no cultivamos el
[arte de la paciencia
sino, más bien, el arte de la impaciencia;
nosotros, que con consejos de carácter bien te-
[rreno
incitamos al hombre a sacudirse sus tormentos;
[nosotros pensamos, asimismo, que a quienes,

viendo acercarse ya las escuadrillas de bombar-
                 [deros del capitalismo,
aún siguen preguntando cómo solucionaremos tal
                       [o cual cosa
y qué será de sus huchas y de sus pantalones do-
            mingueros después de una revolución,
a ésos poco tenemos que decirles.

                       (Del libro *Historias del Ca-*
                       *lendario,* 1939)

# La sandalia de Empédocles

**1**

Cuando Empédocles de Agrigento
hubo logrado los honores de sus conciudadanos
—y los achaques de la vejez—,
decidió morir. Pero como
amaba a algunos y era correspondido por ellos,
no quiso anularse en su presencia, sino que pre-
entrar en la Nada.                          [firió
Los invitó a una excursión. Pero no a todos:
se olvidó de algunos
para que la iniciativa
pareciera casual.
Subieron al Etna.
El esfuerzo de la ascensión
les imponía el silencio. Nadie dijo
palabras sabias. Ya arriba,

respiraron profundamente para recuperar el pul-
                              [so normal,
gozando del panorama, alegres de haber llegado
                              [a la meta.
Sin que lo advirtieran, el maestro los dejó.
Al empezar a hablar de nuevo, no notaron
nada todavía; pero, a poco,
echaron de menos, aquí y allá, una palabra, y le
                       [buscaron por los alrededores.
El caminaba ya por la cumbre
sin apresurarse. Sólo una vez
se detuvo: oyó
a lo lejos, al otro lado de la cima,
cómo la conversación se reanudaba. Ya no en-
                              [tendía
las palabras aisladas: había empezado la muerte.
Cuando estuvo ante el cráter
volvió la cabeza, no queriendo saber lo que iba a
                              [seguir,
pues ya no le atañía a él; lentamente, el anciano
                              [se inclinó,
se quitó con cuidado una sandalia y, sonriendo,
la arrojó unos pasos atrás, de modo
que no la encontraran demasiado pronto, sino en
                       [el momento justo,
es decir, antes de que se pudriera. Entonces
avanzó hacia el cráter. Cuando sus amigos
regresaron sin él, tras haberle buscado,
a lo largo de semanas y meses, poco a poco, fue
                              [creándose
su desaparición, tal como él había deseado. Al-
le esperaban todavía, otros            [gunos
buscaban ya explicaciones. Lentamente, como se
                              [alejan
en el cielo las nubes, inmutables, cada vez más
                       [pequeñas, sin embargo,
sin dejar de moverse cuando no se las mira y ya
                              [lejanas

al mirarlas de nuevo, acaso confundidas con otras,
así fue él alejándose suavemente de la costumbre.
Y fue naciendo el rumor
de que no había muerto, puesto que, se decía, no
                                              [era mortal.
Le envolvía el misterio. Se llegó a creer
que existía algo fuera de lo terrenal, que el curso
                                 [de las cosas humanas
puede alterarse para un hombre. Tales eran las
                              [habladurías que surgían.
Mas se encontró por entonces su sandalia, su
                                   [sandalia de cuero,
palpable, usada, terrena. Había sido legada a
                                              [aquellos
que cuando no ven, en seguida empiezan a creer.
El fin de su vida
volvió a ser natural. Había muerto como todos
                                        [los hombres.


2


Describen otros lo ocurrido
de forma diferente. Según ellos, Empédocles
quiso realmente asegurarse honores divinos;
con una misteriosa desaparición, arrojándose
de modo astuto y sin testigos en el Etna, intentó
                                   [crear la leyenda
de que él no era de especie humana, de que no
                                     [estaba sometido
a las leyes de la destrucción; pero, entonces,
su sandalia le gastó la broma de caer en manos
                                [de sus semejantes.
(Algunos afirman, incluso, que el mismo cráter,
                                          [enojado
ante semejante propósito, escupió sencillamente
                                       [la sandalia

de aquel degenerado bastardo.) Pero nosotros
                              [preferimos creer
que si realmente no se quitó la sandalia, lo que
                              [debió ocurrir es
que se olvidaría de nuestra estupidez, sin pensar
                              [que nosotros
en seguida nos apresuramos a oscurecer aún más
                              [lo oscuro
y antes que buscar una razón suficiente, creemos
                              [en lo absurdo. Y la montaña, entonces
—aunque no indignada por aquel olvido ni cre-
                              [yendo
que Empédocles hubiera querido engañarnos
                              [para alcanzar honores divinos
(pues la montaña ni tiene creencias ni se ocupa
                              [de nosotros),
pero sí escupiendo fuego como siempre—, nos
                              [arrojó
la sandalia, y de esta forma sus discípulos
—que ya estarían muy ocupados husmeando al-
                              [gún gran misterio,
desarrollando alguna profunda metafísica—
se encontraron, de repente, consternados, con la
                              [sandalia del maestro entre las manos;
una sandalia de cuero, palpable, usada, terrena.

# Preguntas de un obrero ante un libro

Tebas, la de las Siete Puertas, ¿quién la constru-
[yó?
En los libros figuran los nombres de los reyes.
¿Arrastraron los reyes los grandes bloques de
Y Babilonia, destruida tantas veces, [piedra?
¿quién la volvió a construir otras tantas? ¿En
[qué casas
de la dorada Lima vivían los obreros que la cons-
[truyeron?
La noche en que fue terminada la Muralla china,
¿adónde fueron los albañiles? Roma la Grande
está llena de arcos de triunfo. ¿Quién los erigió?
¿Sobre quiénes triunfaron los Césares? Bizancio,
[tan cantada,
¿tenía sólo palacios para sus habitantes? Hasta
[en la fabulosa Atlántida,
la noche en que el mar se la tragaba, los habi-
pidiendo ayuda a sus esclavos. [tantes clamaban
El joven Alejandro conquistó la India.
¿El solo?
César venció a los galos.

¿No llevaba consigo ni siquiera un cocinero?
Felipe II lloró al hundirse
su flota. ¿No lloró nadie más?
Federico II venció la Guerra de los Siete Años.
¿Quién la venció, además?
Una victoria en cada página.
¿Quién cocinaba los banquetes de la victoria?
Un gran hombre cada diez años.
¿Quién pagaba sus gastos?

Una pregunta para cada historia.

(1934, del libro *Historias del
Calendario*, 1939)

Leyenda sobre el origen del libro «Tao-Te-King»,
dictado por Lao-tse en el camino de la emigración

A los setenta años, ya achacoso,
sintió el maestro un gran ansia de paz.
Moría la bondad en el país
y se iba haciendo fuerte la maldad.
Se abrochó los zapatos.

Empaquetó las cosas necesarias.
Pocas. Pero algo había de llevar.
La pipa en que fumaba cada noche.
El libro que leía a todas horas.
Algo de blanco pan.

Gozó mirando el valle, y lo olvidó
cuando la senda comenzó a ascender.
Rumiaba el buey, alegre, hierba fresca
mientras llevaba al viejo.
Pues iba muy de prisa para él.

Caminó cuatro días entre peñas
hasta que un aduanero lo paró.

«¿Alguna cosa de valor?» «Ninguna.»
«Es un maestro», dijo el joven guía
del buey. Y el aduanero comprendió.

Y el hombre, en un impulso afectuoso,
aún preguntó: «¿Qué ha llegado a saber?»
Y el muchacho explicó: «Que el agua blanda
hasta a la piedra acaba por vencer.
Lo duro pierde,

Aprovechando aquel atardecer,
tiró el guía del buey, siguiendo viaje.
Ya se perdían tras de un pino negro
cuando los alcanzó el buen aduanero.
Les gritaba: «¡Esperadme!»

«Dime otra vez eso del agua, anciano.»
Se detuvo el maestro: «¿Te interesa?»
«Soy sólo un aduanero», dijo el hombre,
«pero quiero saber quién vencerá.
Si tú lo sabes, dímelo.

¡Escríbemelo! ¡Díctalo a este niño!
No lo reserves sólo para ti.
En casa te daré tinta y papel.
Y también de cenar. Yo vivo allí.
¿Aceptas mi propuesta?»

Examinó el anciano al aduanero:
chaqueta remendada, sin zapatos,
viejo antes de llegar a la vejez.
No era precisamente un triunfador.
Murmuró: «¿Tú también?»

Había vivido demasiado para
no aceptar tan amable invitación.
«Quien pregunta, merece una respuesta.
Parémonos aquí», dijo en voz alta.
«Hace ya frío», el guía le apoyó.

Echó pie a tierra el sabio de su buey.
Escribieron durante siete días
alimentados por el aduanero,
quien maldecía ahora en voz muy baja
a los contrabandistas.

Una mañana, al fin, ochenta y una
sentencias dio el muchacho al aduanero.
Y, agradeciéndole un pequeño don,
se perdieron detrás del pino negro.
No es fácil encontrar tanta atención.

No celebremos, pues, tan sólo al sabio
cuyo nombre en el libro resplandece.
Al sabio hay que arrancarle su saber.
Al aduanero que se lo pidió
demos gracias también.

(1937, del libro *Historias del
Calendario*, 1939)

## Palabras de un campesino a su buey

(Según una canción campesina de Egipto,
del año 1400 antes de nuestra era)


¡Oh gran buey! ¡Oh divino tiro del arado!
¡Descansa para volver a arar! ¡No revuelvas
jovialmente los surcos! Tú
que vas delante, conductor, ¡arre!
Curvados trabajamos para cortar tu pienso;
descansa ahora y cómelo, tú que nos alimentas.
Olvídate, comiendo, de los surcos. ¡Come!
Para tu establo, oh protector de la familia,
jadeantes, las vigas arrastramos. Nosotros
dormimos en lo húmedo, tú en seco. Ayer
tosiste, oh guía querido.
Estábamos desesperados. ¿No irás
a diñarla antes de la sementera, perro maldito?

A los hombres futuros

1

Verdaderamente, vivo en tiempos sombríos.

Es insensata la palabra ingenua. Una frente lisa
revela insensibilidad. El que ríe
es que no ha oído aún la noticia terrible,
aún no le ha llegado.

¡Qué tiempos éstos en que
hablar sobre árboles es casi un crimen
porque supone callar sobre tantas alevosías!
Ese hombre que va tranquilamente por la calle,
¿lo encontrarán sus amigos
cuando lo necesiten?

Es cierto que aún me gano la vida.
Pero, creedme, es pura casualidad. Nada
de lo que hago me da derecho a hartarme.
Por casualidad me he librado. (Si mi suerte aca-
                    [bara, estaría perdido.)
Me dicen: «¡Come y bebe! ¡Goza de lo que tie-
                    [nes! »
Pero ¿cómo puedo comer y beber
si al hambriento le quito lo que como
y mi vaso de agua le hace falta al sediento?
Y, sin embargo, como y bebo.


Me gustaría ser sabio también.
Los viejos libros explican la sabiduría:
apartarse de las luchas del mundo y transcurrir
sin inquietudes nuestro breve tiempo.
Librarse de la violencia,
dar bien por mal,
no satisfacer los deseos y hasta
olvidarlos: tal es la sabiduría.
Pero yo no puedo hacer nada de esto:
verdaderamente, vivo en tiempos sombríos.


2


Llegué a las ciudades en tiempos del desorden,
cuando el hambre reinaba.
Me mezclé entre los hombres en tiempos de re-
                    [beldía
y me rebelé con ellos.
Así pasé el tiempo
que me fue concedido en la tierra.

Mi pan lo comí entre batalla y batalla.
Entre los asesinos dormí.
Hice el amor sin prestarle atención
y contemplé la naturaleza con impaciencia.
Así pasé el tiempo
que me fue concedido en la tierra.

En mis tiempos, las calles desembocaban en pan-
La palabra me traicionaba al verdugo.     [tanos.
Poco podía yo. Y los poderosos
se sentían más tranquilos sin mí. Lo sabía.
Así pasé el tiempo
que me fue concedido en la tierra.

Escasas eran las fuerzas. La meta
estaba muy lejos aún.
Ya se podía ver claramente, aunque para mí
fuera casi inalcanzable.
Así pasé el tiempo
que me fue concedido en la tierra.


3


Vosotros, que surgiréis del marasmo
en el que nosotros nos hemos hundido,
cuando habléis de nuestras debilidades,
pensad también en los tiempos sombríos
de los que os habéis escapado.

Cambiábamos de país como de zapatos
a través de las guerras de clases, y nos desespe-
                                   [rábamos
donde sólo había injusticia y nadie se alzaba con-
                                   [tra ella.

Y, sin embargo, sabíamos
que también el odio contra la bajeza
desfigura la cara.
También la ira contra la injusticia
pone ronca la voz. Desgraciadamente, nosotros,
que queríamos preparar el camino para la ama-
no pudimos ser amables.                    [bilidad
Pero vosotros, cuando lleguen los tiempos
en que el hombre sea amigo del hombre,
pensad en nosotros
con indulgencia.

(1938)

Otra vez se oye hablar de tiempos de grandeza.
(Ana, no llores.)
El tendero nos fiará.

Otra vez se oye hablar del honor.
(Ana, no llores.)
No nos queda ya nada en la despensa.

Otra vez se oye hablar de victorias.
(Ana, no llores.)
A mí no me tendrán.

Ya desfila el ejército que ha de partir.
(Ana, no llores.)
Cuando vuelva

volveré bajo otras banderas.

## Canción de una madre alemana

Camisa parda y botas altas,
hijo mío, te regalé.
Mejor habría sido ahorcarme
de haber sabido lo que sé.

Al verte levantar la mano,
hijo, y a Hitler saludar,
¿sabía yo que aquellas manos
todas se habrían de secar?

Cuando de una estirpe de héroes,
hijo mío, te oía hablar,
que tú serías su verdugo
no lo podía imaginar.

Y detrás de aquel mismo Hitler,
hijo mío, te vi marchar,
sin saber que quien le siguiera
no regresaría jamás.

Alemania, tú me decías,
hijo, no se conocerá.
Ceniza y piedra ensangrentada,
¿quién conoce a Alemania ya?

Con la camisa parda un día
te fuiste y yo no me negué.
Con ella puesta morirías:
yo no sabía lo que hoy sé.

Catón de guerra alemán

PARA LOS DE ARRIBA

hablar de comida es bajo.
Y se comprende porque
ya han comido.

Los de abajo tienen que irse del mundo
sin saber lo que es
comer buena carne.

Para pensar de dónde vienen
y a dónde van,
en las noches hermosas
están demasiado cansados.

Todavía no han visto
el vasto mar y la montaña
cuando ya su tiempo ha pasado.

Si los que viven abajo
no piensan en la vida de abajo,
jamás subirán.


## EL PAN DE LOS HAMBRIENTOS HA SIDO COMIDO

La carne ya ni se huele. En vano
se ha derramado el sudor del pueblo.
Los laureles
han sido talados.

De las chimeneas de las fábricas de municiones
sale humo.


## EL PINTOR DE BROCHA GORDA HABLA DE GRANDES TIEM-
[POS VENIDEROS

Los bosques crecen todavía.
Los campos son fértiles todavía.
Las ciudades están en pie todavía.
Los hombres respiran todavía.

### EN EL CALENDARIO AUN NO HA SIDO SEÑALADO EL DIA

Todos los meses, todos los días
están libres aún. A uno de los días
le harán una cruz.

### LOS TRABAJADORES GRITAN POR EL PAN

Los comerciantes gritan por los mercados.
Padecía hambre el parado. Ahora
padece hambre quien trabaja.
Las manos que colgaban inútiles, vuelven a mo-
tornean granadas.                              [verse:

### LOS QUE ROBAN LA CARNE DE LA MESA

predican resignación.
Aquellos a los que están destinados los dones,
exigen espíritu de sacrificio.
Los hartos hablan a los hambrientos
de los grandes tiempos que vendrán.
Los que llevan la nación al abismo
afirman que gobernar es demasiado difícil
para el hombre sencillo.

LOS DE ARRIBA DICEN: LA PAZ Y LA GUERRA

son de naturaleza distinta.
Pero su paz y su guerra
son como viento y tormenta.
La guerra nace de su paz
como el hijo de la madre.
Tiene
sus mismos rasgos terribles.

Su guerra mata
lo que sobrevive
a su paz.


CUANDO EL PINTOR DE BROCHA GORDA HABLA DE PAZ
                            [POR LOS ALTAVOCES,

los trabajadores miran el grueso firme
de las autopistas que están haciendo,
y ven
que es para tanques pesados.

El pintor de brocha gorda habla de paz.
Irguiendo sus espaldas doloridas,
las grandes manos apoyadas en cañones,
le escuchan los fundidores.

Los pilotos de los bombarderos aminoran la mar-
y oyen                        [cha de los motores
hablar de paz al pintor de brocha gorda.

Los leñadores están a la escucha en los bosques
[silenciosos,
los campesinos dejan los arados y se llevan la
[mano a la oreja,
se detienen las mujeres que les llevan la comida:
hay un coche con altavoces en el campo de labor.
[Por ellos
se oye al pintor de brocha gorda exigir la paz.

### CUANDO LOS DE ARRIBA HABLAN DE PAZ

el pueblo llano sabe
que habrá guerra.

Cuando los de arriba maldicen la guerra,
ya están escritas las hojas de movilización.

### LOS DE ARRIBA

se han reunido en una sala.
Hombre de la calle:
abandona toda esperanza.

Los gobiernos
firman pactos de no agresión.
Hombre pequeño:
escribe tu testamento.

HOMBRE DE CHAQUETA RAIDA:

en las fábricas textiles
están tejiendo para ti un capote
que nunca romperás.

Hombre que vas al trabajo caminando durante
con tus zapatos destrozados: el coche    [horas
que te están fabricando
llevará una coraza de hierro.

En tu hogar hace falta un envase de leche
y estás fundiendo una gran botella, fundidor,
que no será para leche. ¿Quién
beberá en ella?

ES DE NOCHE

Las parejas
van a la cama. Las mujeres jóvenes
parirán huérfanos.

EN EL MURO HABIAN ESCRITO CON TIZA:

quieren la guerra.
Quien lo escribió
ya ha caído.

## LOS DE ARRIBA DICEN:

éste es el camino de la gloria.
Los de abajo dicen:
éste es el camino de la tumba.

## LA GUERRA QUE VENDRA

no es la primera. Hubo
otras guerras.
Al final de la última
hubo vencedores y vencidos.
Entre los vencidos, el pueblo llano
pasaba hambre. Entre los vencedores
el pueblo llano la pasaba también.

## LOS DE ARRIBA DICEN: EN EL EJERCITO

todos somos iguales.
Por la cocina sabréis
si es verdad.
En los corazones
debe haber el mismo valor. Pero
en los platos hay
dos clases de rancho.

LOS TECNICOS ESTAN

inclinados sobre las mesas de dibujo:
una cifra equivocada, y las ciudades del enemigo
se salvarán de la destrucción.


DE LAS BIBLIOTECAS

salen los asesinos.
Estrechando contra sí a los niños,
las madres vigilan el cielo con terror
a que aparezcan en él los descubrimientos de los
                                          [sabios.


EN EL MOMENTO DE MARCHAR, MUCHOS NO SABEN

que su enemigo marcha al frente de ellos.
La voz que les manda
es la voz de su enemigo.
Quien habla del enemigo,
él mismo es enemigo.

GENERAL, TU TANQUE ES MAS FUERTE QUE UN COCHE

Arrasa un bosque y aplasta a cien hombres.
Pero tiene un defecto:
necesita un conductor.

General, tu bombardero es poderoso.
Vuela más rápido que la tormenta y carga más
[que un elefante.

Pero tiene un defecto:
necesita un piloto.

General, el hombre es muy útil.
Puede volar y puede matar.
Pero tiene un defecto:
puede pensar.


CUANDO EMPIECE LA GUERRA,

quizá vuestros hermanos se transformen
hasta que no se reconozcan ya sus rostros.
Pero vosotros debéis seguir siendo los mismos.

Irán a la guerra, no
como a una matanza, sino
como a un trabajo serio. Todo
lo habrán olvidado.
Pero vosotros no debéis olvidar nada.

Os echarán aguardiente en la garganta,
como a los demás.
Pero vosotros debéis manteneros serenos.

EL FÜHRER OS DIRA: LA GUERRA

dura cuatro semanas. Cuando llegue el otoño
estaréis de vuelta. Pero
vendrá el otoño y pasará,
vendrá de nuevo y pasará muchas veces, y vos-
no estaréis de vuelta.                              [otros
El pintor de brocha gorda os dirá: las máquinas
lo harán todo por vosotros. Sólo unos pocos
tendrán que morir. Pero
moriréis a cientos de miles, nunca
se habrá visto morir a tantos hombres.
Cuando me digan que estáis en el Cabo Norte,
y en Italia, y en el Transvaal, sabré
dónde encontrar un día vuestras tumbas.

CUANDO EL TAMBOR EMPIECE SU GUERRA,

vosotros debéis continuar la vuestra.
Verá ante sí enemigos, pero,
al volverse, deberá ver también
enemigos detrás;
cuando empiece su guerra
no debe ver sino enemigos en torno.
Todo aquel que avance
empujado por los agentes de las S. S.,
debe avanzar contra él.

Las botas serán malas, pero aunque fueran
del mejor cuero, son sus enemigos
quienes deben marchar dentro de ellas.
Vuestro rancho será poco, pero aunque fuera
no os debe gustar.                              [abundante,

Que los agentes de las S. S. no puedan dormir.
Que tengan que controlar arma a arma
para ver si están cargadas. Y que tengan que con-
si controlan sus controladores.                [trolar
Todo lo que vaya hacia él debe ser destruido, y
                                               [todo
lo que venga de él, contra él hay que volverlo.

Valeroso será quien combata contra él.
Sabio será quien frustre sus planes.
Sólo quien le venza salvará a Alemania.

                                        (1937-38)

# Epígrafe para las «Poesías de Svendborg»

Huido bajo el techo de paja danés, amigos,
sigo vuestra lucha. Os envío desde aquí,
como otras veces, mis versos, perseguidos
por una historia sangrienta de más allá del Sund
                             [y de los bosques.
Lo que os llegue de ellos, utilizadlo con pruden-
Mi escritorio son libros amarillentos,      [cia.
informes arrugados. Si volvemos a vernos
quiero ir otra vez a la escuela.

(1939)

[1] Svendborg: localidad danesa, junto al Sund, donde
Brecht encontró su primer refugio al abandonar la Ale-
mania nazi.

En tiempos de la extrema persecución

Si sois abatidos,
¿qué quedará?
Hambre y lucha,
nieve y viento.

¿De quién aprenderéis?
De aquel que no caiga.
Del hambre y del frío
aprenderéis.

No valdrá decir:
¿No ha pasado ya todo?
Los que soportan la carga
reanudarán sus quejas.

¿Quién les informará
de aquellos que mueren?
Sus cicatrices y muñones
les informarán.

1

No pongas ningún clavo en la pared,
tira sobre una silla tu chaqueta.
¿Vale la pena preocuparse para cuatro días?
Mañana volverás.

No te molestes en regar el arbolillo.
¿Para qué vas a plantar otro árbol?
Antes de que llegue a la altura de un escalón
alegre partirás de aquí.

Cálate el gorro si te cruzas con gente.
¿Para qué hojear una gramática extranjera?
La noticia que te llame a tu casa
vendrá escrita en idioma conocido.

Del mismo modo que la cal cae de las vigas
(no te esfuerces por impedirlo),
caerá también la alambrada de la violencia
erigida en la frontera
contra la justicia.


2


Mira ese clavo que pusiste en la pared.
¿Cuándo crees que volverás?
¿Tú quieres saber lo que crees tú en el fondo?
Día a día
trabajas por la liberación,
escribes sentado en tu cuarto.
¿Quieres saber lo que piensas de tu trabajo?
Mira el pequeño castaño en el rincón del patio
al que un día llevaste una jarra de agua.

(1939)

## Perseguido por buenas razones

He crecido hijo
de gente acomodada. Mis padres
me pusieron un cuello almidonado, me educaron
en la costumbre de ser servido
y me instruyeron en el arte de dar órdenes. Pero
al llegar a mayor y ver lo que me rodeaba,
no me gustó la gente de mi clase,
ni dar órdenes ni ser servido.
Abandoné mi clase y me uní
al pueblo llano.

Así,
criaron a un traidor, le educaron
en sus artes, y ahora
él los delata al enemigo.

Sí, divulgo secretos. Entre el pueblo
estoy, y explico
cómo engañan, y predigo lo que ha de venir,
pues he sido iniciado en sus planes.

...................................................................

Descuelgo la balanza de su justicia
y muestro
sus pesas falsas.
Y sus espías les informan
de que yo estoy con los robados cuando
preparan la rebelión.

Me han advertido y me han quitado
lo que gané con mi trabajo. Como no me corregí
me han perseguido,
y aún había en mi casa
escritos en los que descubría
sus planes contra el pueblo. Por eso
dictaron contra mí una orden de detención
por la que se me acusa de pensar de un modo
                              [bajo, es decir,
el modo de pensar de los de abajo.
Marcado estoy a fuego, vaya adonde vaya,
para todos los propietarios, mas los no propie-
leen la orden de detención              [tarios
y me conceden refugio. A ti te persiguen,
me dicen,
por buenas razones.

                                        (1939)

# Sobre la denominación de emigrantes

Siempre me pareció falso el nombre que nos han
[dado: emigrantes.
Pero emigración significa éxodo. Y nosotros
no hemos salido voluntariamente
eligiendo otro país. No inmigramos a otro país
para en él establecernos, mejor si es para siem-
[pre.
Nosotros hemos huido. Expulsados somos, des-
[terrados.
Y no es hogar, es exilio el país que nos acoge.
Inquietos estamos, si podemos junto a las fron-
[teras,
esperando el día de la vuelta, a cada recién lle-
[gado,
febriles, preguntando, no olvidando nada, a nada
[renunciando,
no perdonando nada de lo que ocurrió, no per-
[donando.

¡Ah, no nos engaña la quietud del Sund! Llegan
                                                    [gritos
hasta nuestros refugios. Nosotros mismos
casi somos como rumores de crímenes que pasa-
la frontera. Cada uno                               [ron
de los que vamos con los zapatos rotos entre la
                                                    [multitud
la ignominia mostramos que hoy mancha a nues-
Pero ninguno de nosotros          [tra tierra.
se quedará aquí. La última palabra
aún no ha sido dicha.

Ya sé que sólo agrada
quien es feliz. Su voz
se escucha con gusto. Es hermoso su rostro.

El árbol deforme del patio
denuncia el terreno malo, pero
la gente que pasa le llama deforme
con razón.

Las barcas verdes y las velas alegres del Sund
no las veo. De todas las cosas,
sólo veo la gigantesca red del pescador.

¿Por qué sólo hablo
de que la campesina de cuarenta años anda en-
Los pechos de las muchachas        [corvada?
son cálidos como antes.

En mi canción, una rima
me parecería casi una insolencia.

En mí combaten
el entusiasmo por el manzano en flor
y el horror por los discursos del pintor de brocha
Pero sólo esto último                    [gorda.
me impulsa a escribir.

Primavera de 1938

Hoy, domingo de Resurrección, muy de mañana
una nevasca azotó de repente la isla.
Había nieve entre los setos verdes. Mi hijo
me llevó hasta un albaricoquero pegado a la ta-
                                      [pia de la casa
apartándome de una poesía en la que denunciaba
a quienes preparaban una guerra que
al continente, a la isla, a mi pueblo, a mi familia
se nos puede tragar. En silencio,           [y a mí
cubrimos con un saco
el árbol a punto de helarse.

# Visita a los poetas desterrados

Cuando, en sueños, entró en la cabaña de los poe-
desterrados, situada junto a la que habitan    [tas
los maestros desterrados —de ella le llegaron
risas y discusiones—, apareció en la puerta
Ovidio y le dijo bajando la .voz:
«Mejor que no te sientes todavía. No has muerto
                                    [aún. Quién sabe
si todavía volverás a casa. Y sin que cambie nada
sino tú mismo.» Mas, con una mirada consolado-
                                                [ra,
Po Chu-i se acercó y, sonriendo, dijo: «El rigor
se lo ha ganado todo el que citó una sola vez la
                                        [injusticia.»
Y su amigo Tu-fu dijo, tranquilo: «¿Comprendes?
                                        [El destierro
no es el lugar donde se olvida la soberbia.» Pero,
                                        [más terrenal,

se acercó el andrajoso Villon y preguntó: «¿Cuán-
[tas
puertas tiene la casa donde vives?» Y Dante, co-
[giéndole del brazo,
le llevó aparte, murmurándole: «Esos versos tu-
[yos
están llenos de imperfecciones, amigo: piensa
que todo está contra ti.» Y Voltaire le gritó des-
[de lejos:
«¡Preocúpate del dinero o te matan de hambre!»
«¡Y mezcla alguna que otra broma!», gritó Hei-
[ne. «Es inútil»,
gruñó Shakespeare. «Cuando llegó el rey Jacobo
tampoco yo pude escribir más.» «Si llegas al pro-
[ceso,
búscate un sinvergüenza de abogado», clamó
[Eurípides,
«porque él conocerá los agujeros de la red de las
[leyes». La carcajada
duraba todavía, cuando de un oscuro rincón
llegó un grito: «Eh, tú, ¿también se saben
de memoria tus versos?» «¿Y se salvarán de la
[persecución
los que se los saben:» «Esos», dijo Dante en voz
«son los olvidados. No sólo                    [baja,
los cuerpos, sino también las obras les destru-
[yen.»
Cesaron las risas. Nadie se atrevía a mirar. El
se había puesto pálido.                    [recién llegado

# La literatura será sometida a investigación

A Martin Andersen Nexö

1

Aquellos que se sentaron en sillas de oro para es-
serán interrogados                                   [cribir
por quienes les tejieron sus vestidos.
No por sus pensamientos sublimes
serán analizados sus libros, sino
por cualquier frase casual que trasluzca
alguna característica de quienes tejían los vesti-
                                                    [dos;
y esta frase será leída con interés porque pudiera
los rasgos de antepasados famosos.       [contener

Literaturas enteras,
escritas en selectas expresiones,
serán investigadas para encontrar indicios
de que también vivieron rebeldes donde había
                                          [opresión.

Invocaciones de súplica a seres ultraterrenales
probarán que seres terrenales se alzaban sobre
[seres terrenales.
La música exquisita de las palabras dará sólo
[noticia
de que no había comida para muchos.


2

Pero a la vez serán ensalzados
los que en el suelo se sentaban para escribir,
los que se unieron a los de abajo,
los que se unieron a los combatientes.
Y los que informaron de los sufrimientos de los
[de abajo,
los que informaron de los hechos de los comba-
con arte, en el noble lenguaje          [tientes,
antes reservado
a la glorificación de los reyes.


Sus descripciones de situaciones dolientes, sus lla-
llevarán todavía la huella digital     [mamientos,
de los de abajo. Porque a éstos
fueron transmitidos, y ellos
bajo la camisa sudada, los pasaron
a través de los cordones policíacos
a sus hermanos.
Sí, un tiempo vendrá
en que estos sabios y amables,
llenos de ira y de esperanza,
que se sentaron en el suelo para escribir
y estaban rodeados de pueblo y combatientes,
públicamente serán ensalzados.

(1939)

Mi hijo pequeño me pregunta: ¿Tengo que apren-
[der matemáticas?
¿Para qué?, quisiera contestarle. De que dos pe-
[dazos de pan son más que uno
ya te darás cuenta.
Mi hijo pequeño me pregunta: ¿Tengo que apren-
[der francés?
¿Para qué?, quisiera contestarle. Esa nación se
[hunde.
Señálate la boca y la tripa con la mano,
que ya te entenderán
Mi hijo pequeño me pregunta: ¿Tengo que apren-
[der historia?
¿Para qué?, quisiera contestarle. Aprende a escon-
[der la cabeza en la tierra
y acaso te salves.

¡Sí, aprende matemáticas, le digo,
aprende francés, aprende historia!

1941

Huyendo de mis compatriotas
he llegado a Finlandia. Amigos
que ayer no conocía disponen camas para mí
en un cuarto limpio. Por la radio
oigo las noticias sobre el triunfo de la escoria hu-
                                    [mana. Con curiosidad
considero el mapa de la Tierra. Arriba, por Lapo-
hacia el mar Artico,                              [nia,
todavía veo una pequeña puerta.

# Hollywood [1]

Para ganarme el pan, cada mañana
voy al mercado donde se compran mentiras.
Lleno de esperanza,
me pongo a la cola de los vendedores.

(1942)

[1] Brecht vivió en Hollywood, trabajando como guionista cinematográfico.

## La máscara del mal

Colgada en mi pared tengo una talla japonesa,
máscara de un demonio maligno, pintada de oro.
Compasivamente miro
las abultadas venas de la frente, que revelan
el esfuerzo que cuesta ser malo.

(1942)

En Polonia, en el año treinta y nueve,
se libró una batalla muy sangrienta
que convirtió en ruinas y desiertos
las ciudades y aldeas.

Allí perdió la hermana al hermano
y la mujer al marido soldado.
Y, entre fuego y escombros, a sus padres
los hijos no encontraron.

No llegaba ya nada de Polonia.
Ni noticias ni cartas.
Pero una extraña historia, en los países
del Este circulaba.

La contaban en una gran ciudad,
y al contarlo nevaba.
Hablaba de unos niños que, en Polonia,
partieron en cruzada.

Por los caminos, en rebaño hambriento,
los niños avanzaban.
Se les iban uniendo muchos otros
al cruzar las aldeas bombardeadas.

De batallas y negras pesadillas
querían escapar
para llegar, al fin,
a algún país en el que hubiera paz.

Había, entre ellos, un pequeño jefe
que los organizó.
Pero ignoraba cuál era el camino,
y ésta era su gran preocupación.

Una niña de once años era
para un niño de cuatro la mamá:
le daba todo lo que da una madre,
mas no tierra de paz.

Un pequeño judío iba en el grupo.
Eran de terciopelo sus solapas
y al pan más blanco estaba acostumbrado.
Y, sin embargo, todo lo aguantaba.

Más tarde se sumaron dos hermanos,
y ambos eran muy buenos estrategas
para ocupar las chozas que en el campo
los campesinos cuando llueve dejan.

También había un niño muy delgado
y pálido que siempre estaba aparte.
Tenía una gran culpa sobre sí:
la de venir de una embajada nazi.

Y un músico, además, que en una tienda
volada había encontrado un buen tambor.
Tocarlo les hubiera delatado,
y el niño músico se resignó.

Y hasta un perro llevaban que, al cogerle,
se disponían a sacrificar.
Pero ninguno se atrevía a hacerlo,
y ahora tenían una boca más.

También había una escuela
y en ella un maestrito elemental.
La pizarra era un tanque destrozado
donde aprendían la palabra «paz»,

Y, al fin, hubo un concierto entre el estruendo
de un arroyo invernal.
Pudo tocar el niño su tambor,
pero no le pudieron escuchar.

No faltó ni siquiera un gran amor:
quince años el galán, doce la amada.
En una vieja choza destruida,
la niña el pelo de su amor peinaba.

Pero el amor no pudo resistir
los fríos que vinieron:
¿cómo pueden crecer los arbolillos
bajo toda la nieve del invierno?

Hubo incluso una guerra
cuando con otro grupo se encontraron.
Pero viendo en seguida que era absurda,
la guerra terminaron.

Cuando era más reñida la contienda
que en torno a una garita sostenían,
una de las dos partes
se quedó sin comida.

Al saberlo la otra, decidieron
un saco de patatas enviar
al enemigo, porque sin comer
nadie puede luchar.

A la luz de dos velas
un juicio celebraron.
Y, tras audiencia larga y complicada,
el juez fue condenado.

Hubo un entierro, en fin: el de aquel niño
que tenía en el cuello terciopelo.
Dos alemanes junto a dos polacos
enterraron su cuerpo.

......................................................................

No faltaban la fe ni la esperanza,
pero sí les faltaba carne y pan.
Quien les negó su amparo y fue robado
después, nada les puede reprochar.

Mas nadie acuse al pobre que a su mesa
no los hizo sentar.
Para cincuenta niños hace falta
mucha harina: no basta la bondad.

Si se presentan dos, o incluso tres,
es fácil que cualquiera los atienda.
Mas cuando llegan niños en tropel
las puertas se les cierran.

En una hacienda destruida, harina
hallaron en pequeña cantidad.
Una niña en mandil, de once años,
durante siete horas coció pan.

Amasaron la masa largamente,
la leña, bien cortada, ardía bien,
pero el pan no subió
porque ninguno lo sabía cocer.

Decidieron marchar,
buscando sol, al Sur.
El Sur es donde a mediodía todo
está lleno de luz.

A un soldado encontraron
herido en un pinar.
Siete días cuidándole, y pensaban:
«El nos podrá orientar.»

Mas el soldado dijo: «¡A Bilgoray!»
Debía de tener
mucha fiebre: murió al día siguiente.
Le enterraron también.

Y los indicadores que encontraban
la nieve apenas los dejaba ver.
Pero ya no indicaban el camino,
todos estaban puestos al revés.

Aunque no se trataba de una broma:
sólo era una medida militar.
Buscaron y buscaron Bilgoray,
mas nunca la pudieron encontrar.

Se reunieron todos con el jefe,
confiados en él.
Miró el blanco horizonte y señaló:
«Por allí debe ser.»

Vieron fuego una noche:
decidieron seguir sin acercarse.
Pasaron tanques, otra vez, muy cerca,
pero iban hombres dentro de los tanques.

Al fin, un día, a una ciudad llegaron,
y dieron un rodeo.
Caminaron tan sólo por la noche
hasta que la perdieron.

Por lo que fue el sureste de Polonia,
bajo una gran tormenta, entre la nieve,
de los cincuenta niños
las noticias se pierden.

Con los ojos cerrados,
dentro de mí los veo cómo vagan
de una casa en ruinas
a otra bombardeada.

Por encima de ellos, entre nubes,
caravanas inmensas
penosamente avanzan contra el viento,
y, sin patria ni meta,

van buscando un país donde haya paz,
sin incendios ni truenos,
tan diferente a aquel de donde vienen.
Y, unidas, forman un cortejo inmenso.

Y, al caer el ocaso, ya sus caras
no parecen iguales.
Ahora veo caras de otros niños:
españoles, franceses, orientales...

Y en aquel mes de enero,
en Polonia encontraron
un pobre perro flaco que llevaba
un cartel de cartón al cuello atado.

Decía: «Socorrednos.
Perdimos el camino.
Este perro os traerá.
Somos cincuenta y cinco.

Si no podéis venir,
dejadle continuar.
No le matéis. Sólo él
conoce este lugar.»

Era letra de niño
y campesinos quienes la leyeron.
Ha pasado año y medio desde entonces.
Desde que hallaron, muerto de hambre, un perro.

(Del libro Historias del<br>Calendario, 1939)

## Canción de San Jamás

Todo aquel que nació en cuna pobre,
sabe que el pobre se ha de sentar,
un buen día, en un trono dorado:
¡ése es el día de San Jamás!

    En este día de San Jamás
    en trono de oro se sentará.

La bondad tendrá un precio ese día,
el cuello costará la maldad,
y mérito y ganancia, en ese día,
se cambiarán el pan y la sal.

    En ese día de San Jamás
    se cambiarán el pan y la sal.

Crecerán sobre el cielo las hierbas,
la piedra el río remontará,
y el hombre será bueno. Un edén
será el mundo sin que sufra más.

En ese día de San Jamás
un paraíso el mundo será.

Ese día seré yo aviador,
tú ese día serás general,
tendrá trabajo el hombre parado,
la mujer pobre descansará.

En ese día de San Jamás
mujer pobre, tú descansarás.

Pero es muy larga ya nuestra espera.
Por lo tanto, todo esto será
no mañana por la mañana, sino
antes que el gallo empiece a cantar.

En este día de San Jamás
antes que el gallo empiece a cantar.

(De *El buen alma de Sezuan*)

# El ladrón de cerezas

Una mañana temprano, mucho antes del primer
[canto del gallo,
despertado por un silbido, me asomé a la ventana.
Subido a un cerezo —el alba inundaba mi jar-
[dín—,
había sentado un joven con el pantalón remenda-
[do
que cogía alegremente mis cerezas. Al verme
me saludó con la cabeza, mientras con ambas ma-
[nos
pasaba las cerezas de las ramas a sus bolsillos.
Largo rato, de vuelta ya en mi cama,
le estuve oyendo silbar su alegre cancioncilla.

# Lectura del periódico mientras hierve el té

Muy de mañana leo en el periódico los planes sen-
                                    [sacionales
del Papa y de los reyes, de los banqueros y de los
Con el otro ojo miro            [reyes del petróleo.
el puchero con el agua del té,
cómo se enturbia y empieza a hervir y de nuevo
                                    [se aclara,
hasta que, rebosando del puchero, apaga el fuego.

Mucho antes de que aparecieran sobre nosotros
ya eran nuestras ciudades        [los bombarderos
inhabitables. La inmundicia
no se la llevaban
las cloacas.

Mucho antes de que cayéramos en batallas sin ob-
                                              [jeto
tras cruzar las ciudades que aún quedaban en pie,
eran ya nuestras mujeres
viudas, y huérfanos nuestros hijos.

Mucho antes de que nos arrojaran a las fosas los
                         [que ya se habían marcado,
ya carecíamos de amigos. Lo que la cal
nos comió no eran ya rostros.

Al refugio danés
de los primeros años del exilio [1]


Dime, casa que estás entre el Sund y el peral:
el viejo lema «La verdad es concreta»
que el fugitivo, en tiempos, encerró entre tus mu-
¿sobrevive a los bombardeos?                    [ros,


[1] Brecht había grabado en la pared el lema *Die Wah-rheit ist Konkret.*

Mi ciudad natal, ¿cómo la encontré?
Siguiendo los enjambres de bombarderos
he vuelto a casa.
¿Y dónde está mi casa? Allí donde se ven
las inmensas montañas de humo.
Aquella que está ardiendo,
aquella es.
Mi ciudad natal, ¿cómo me recibió?
Van ante mí los bombarderos. Mortales enjambres
os anuncian mi regreso. Al hijo
le preceden incendios.

(1943)

¿Qué recibió la mujer del soldado?

¿Qué recibió la mujer del soldado
desde Praga, la vieja capital?
De Praga recibió un par de zapatos,
un saludo y zapatos de tacón.
　　Eso de Praga recibió.

¿Qué recibió la mujer del soldado
de Varsovia, cruzada por el Vístula?
Recibió de Varsovia una camisa
de lino con un hermoso color.
　　Eso de Varsovia recibió.

¿Qué recibió la mujer del soldado
desde Oslo, bañada por el Sund?
De Oslo recibió un cuello de piel,
un buen regalo de Oslo recibió.
　　Eso de Oslo recibió.

¿Qué recibió la mujer del soldado
de la rica ciudad de Rotterdam?
Un hermoso sombrero recibió
¡y qué bien sienta un sombrero holandés!
    Eso de Holanda recibió.

¿Qué recibió la mujer del soldado
desde Bruselas, la bella ciudad?
De Bruselas, preciosos encajes,
lo que toda mujer siempre soñó.
    Eso de Bruselas recibió.

¿Qué recibió la mujer del soldado
desde París, la ciudad de la luz?
Un vestido de seda recibió
—¡qué envidia sus amigas!— de París.
    Eso de París recibió.

¿Qué recibió la mujer del soldado
desde Trípoli, en la Libia lejana?
De Libia, una cadena y amuletos,
la cadena de cobre recibió.
    Eso de Libia recibió.

¿Qué recibió la mujer del soldado
desde Rusia, el país interminable?
El velo de viuda recibió
de Rusia para ir al funeral.
    Eso de Rusia recibió.

                    (De *Schweik en la Segunda Guerra
                    Mundial*, 1942)

# Doctrina y opinión de Galileo

Cuando el Todopoderoso lanzó su gran «hágase»,
al sol le dijo que, por orden suya,
portara una lámpara alrededor de la tierra
como una criadita en órbita regular.
Pues era su deseo que cada criatura
girara en torno a quien fuera mejor que ella.
Y empezaron a girar los ligeros en torno a los pe-
                      [sados,
los de detrás en torno a los de delante, así en la
                   [tierra como en el cielo,
y alrededor del papa giran los cardenales.
Alrededor de los cardenales giran los obispos.
Alrededor de los obispos giran los secretarios.
Alrededor de los secretarios giran los regidores.
Alrededor de los regidores giran los artesanos.
Alrededor de los artesanos giran los servidores.
Alrededor de los servidores giran los perros, las
                [gallinas y los mendigos.

(De *Vida de Galileo*, 1938)

## Pregón de Madre Coraje

¡Eh, capitanes! ¡Callen los tambores!
Dejad a los infantes descansar.
Madre Coraje trae muchos zapatos.
Mejor con ellos puestos andarán
llevando sus liendres y sus piojos,
su pertrecho, su tiro y sus cañones.
¡Si a la batalla tienen que marchar,
buenos zapatos deben de calzar!

¡Cristiano, arriba, que es ya primavera!
La nieve se deshace. Los muertos tienen paz.
Mas los que aún no han muerto
de nuevo se alzan para caminar.

¡Eh, capitanes, vuestra gente
sin salchichas a la muerte no irá!
Males del alma y del cuerpo, con vino
la Madre Coraje sabe curar.

Que a las tripas vacías, capitanes,
siempre han sentado los cañones mal.
Pero si ya están hartos, yo os bendigo
y a los infiernos los podéis mandar.

¡Cristiano, arriba, que es ya primavera!
La nieve se deshace. Los muertos tienen paz.
Mas los que aún no han muerto
de nuevo se alzan para caminar.

¡De Ulm a Metz, de Metz hasta Moravia,
siempre con ellos la Coraje va!
La guerra se mantiene de sí misma,
de pólvora y de plomo, y nada más.
Pero además de pólvora y de plomo
vive del hombre que al combate va.

¡Cristiano, arriba, que es ya primavera!
La nieve se deshace. Los muertos tienen paz.
Mas los que aún no han muerto
de nuevo se alzan para caminar.

(De *Madre Coraje*, 1939)

# Canción de un soldado

¡Tabernero, aguardiente, y date prisa!
No hay tiempo que perder para un soldado.
Por su emperador tiene que luchar.

¡A mis brazos, mujer, y date prisa!
No hay tiempo que perder para un solado.
Hasta Moravia debe cabalgar.

¡Saca ya el triunfo, amigo, y date prisa!
No hay tiempo que perder para un soldado.
A la primer llamada ha de acudir.

¡Cura, échame tu amén, y date prisa!
No hay tiempo que perder para un soldado.
Por su emperador tiene que morir.

(De *Madre Coraje*, 1939)

## Una voz

Entre todo el jardín,
una rosa nos gustó.
¡Qué hermosa había florecido!
En marzo la plantaron,
y no fue en vano, no.
¡Dichosos los que tienen un jardín!

Y cuando soplan los vientos de nieve
y a través de los pinos se les oye silbar,
¿qué nos puede pasar?
Hicimos nuestro techo,
de musgo y paja lo cubrimos además.
¡Dichosos los que pueden tener techo
cuando se oye a los vientos de nieve silbar!

(De *Madre Coraje*, 1939)

# Canto de la fraternización

Diecisiete años tenía.
El enemigo llegó.
Envainó el sable a un costado
y su mano me tendió.

Ay, mes de la pureza y de las flores,
¿por qué has de ser también de los amores?
Estaba el regimiento en la explanada.
Sonaba, como siempre, su tambor.
Después, el enemigo nos llevó tras las matas
y allí fraternizó.

De todos los enemigos
me ha tocado el cocinero.
Durante el día le odio
y por la noche le quiero.

Ay, mes de la pureza y de las flores,
¿por qué has de ser también de los amores?
Está ya el regimiento en la explanada.
Su tambor, como siempre, sonará.
Después, el enemigo nos llevará tras las matas
y allí fraternizará.

El amor que yo sentía
fue una fuerza celestial.
No comprenden que le ame
y no le quiera entregar.

En una mañana gris
mi dolor, ay, comenzó.
Estaba el regimiento en la explanada.
Como siempre, sonó luego el tambor.
Y el enemigo, entonces, con mi amado,
la ciudad abandonó.

(De *Madre Coraje*, 1939)

# Del maestro que amaba la guerra

A Huber, el maestro,
la guerra le gustaba a rabiar.
Al hablar de Federico el Grande,
sus ojos comenzaban a brillar,
mas Wilhelm Pieck no le lograba entusiasmar.

Entonces vino Schmitten, lavandera,
que la porquería no podía soportar.
Cogió al maestro Huber,
y lo metió en la tina
para la porquería eliminar.

Regar el jardín

¡Oh regar el jardín, vivificar lo verde!
¡Regar los árboles sedientos! Sé generoso con el
[agua
y no olvides los arbustos, ni siquiera
los que no tienen fruto, los agotados
y avaros. Y no me olvides
la mala hierba entre las flores, que también
tiene sed. Riega
el césped fresco o seco.
Y refresca hasta el suelo desnudo.

Antes me parecía hermoso vivir el frío
y una viva caricia para mí era el frescor,
me gustaba lo amargo, y era como
si pudiese seguir con mis caprichos
incluso en un banquete de tinieblas.

Alegría sacaba de frío manantial,
y aquella vastedad la dio la nada.
De la tiniebla natural, maravillosamente,
se destacó una extraña claridad. ¿Por mucho tiem-
Pero yo, amigo mío, salí adelante.   [po? Apenas.

(1945)

## Canción de la buena gente

A la buena gente se la conoce
en que resulta mejor
cuando se la conoce. La buena gente
invita a mejorarla, porque
¿qué es lo que a uno le hace sensato? Escuchar
y que le digan algo.

Pero, al mismo tiempo,
mejoran al que los mira y a quien
miran. No sólo porque nos ayudan
a buscar comida y claridad, sino, más aún,
nos son útiles porque sabemos
que viven y transforman el mundo.

Cuando se acude a ellos, siempre se les encuentra.
Se acuerdan de la cara que tenían
cuando les vimos por última vez.
Por mucho que hayan cambiado
—pues ellos son los que más cambian—
aún resultan más reconocibles.

Son como una casa que ayudamos a construir.
No nos obligan a vivir en ella,
y en ocasiones no nos lo permiten.
Por poco que seamos, siempre podemos ir a ellos,
tenemos que elegir lo que llevemos.          [pero

Saben explicar el porqué de sus regalos,
y si después los ven arrinconados, se ríen.
Y responden hasta en esto: en que,
si nos abandonamos,
les abandonamos.

Cometen errores y reímos,
pues si ponen una piedra en lugar equivocado,
vemos, al mirarla,
el lugar verdadero.
Nuestro interés se ganan cada día, lo mismo
que se ganan su pan de cada día.
Se interesan por algo
que está fuera de ellos.

La buena gente nos preocupa.
Parece que no pueden realizar nada solos,
proponen soluciones que exigen aún tareas.
En momentos difíciles de barcos naufragando
de pronto descubrimos fija en nosotros su mirada
                                        [inmensa.
Aunque tal como somos no les gustamos,
están de acuerdo, sin embargo, con nosotros.

# 4. Ultimo periodo
## (1947-1956)

# El chopo de la Karlplatz

En Berlín, entre ruinas,
hay un chopo en la Karlplatz.
Su bello verdor la gente
se detiene a contemplar.

Pasó frío la gente y no había leña
en el invierno del cuarentaiséis.
Cayeron muchos árboles cortados
en el invierno del cuarentaiséis.

El chopo de la Karlplatz,
verdecido, sigue en pie.
A los vecinos de la plaza
lo tenéis que agradecer.

# El humo

La casita entre árboles junto al lago,
del tejado un hilo de humo.
Si faltase
qué desolación
casa, árboles y lago.

(Del libro *Elegías de Buckow*,   1953)

Es el atardecer. Deslizándose pasan
dos piraguas, dentro
dos jóvenes desnudos. Remando juntos
hablan. Hablando
reman el uno junto al otro.

(Del libro *Elegías de Buckow*, 1953)

## La lista de lo necesario

Conozco muchos que andan por ahí con la lista
de lo que necesitan.
Aquel a quien la lista es presentada, dice: es mu-
[cho.
Mas aquel que la ha escrito dice: esto es lo míni-
Pero hay quien orgullosamente muestra    [mo.
su breve lista.

Cerca del lago, entre álamos y abetos,
hay un jardín cercado en la espesura,
por mano tan experta cultivado
que está florido desde marzo a octubre.

Al alba allí me siento algunas veces,
que yo también quisiera,
con tiempo bueno o malo,
poder siempre ofrecer algo agradable.

(Del libro *Elegías de Buckow*, 1953)

## A una raíz de té china en forma de león

Temen tu garra los malvados.
Y se alegran los buenos con tu gracia.
Lo mismo
oír quisiera
de mis versos.

(1951)

Estoy sentado al borde de la carretera,
el conductor cambia la rueda.
No me gusta el lugar de donde vengo.
No me gusta el lugar adonde voy.
¿Por qué miro el cambio de rueda
con impaciencia?

(1953)

## Satisfacciones

La primera mirada por la ventana al despertarse
el viejo libro vuelto a encontrar
rostros entusiasmados
nieve, el cambio de las estaciones
el periódico
el perro
la dialéctica
ducharse, nadar
música antigua
zapatos cómodos
comprender
música nueva
escribir, plantar
viajar
cantar
ser amable

(1956)

# Índice